한국 현대사의 민낯

한국 현대사의 민낯

제1판 제1쇄 발행일 2015년 3월 1일

글 | 김삼웅, 장동석

기획 | 손석춘, 지승호, 책도둑(박정훈, 박정식, 김민호)

디자인 | 이안디자인

펴낸이 | 김은지

펴낸곳 | 철수와영희

등록번호 | 제319-2005-42호

주소 | 서울시 마포구 월드컵로 65, 302호 (망원동, 양경회관)

전화 | (02)332-0815

팩스 | (02)6091-0815

전자우편 | chulsu815@hanmail.net

ISBN 978-89-93463-74-3 03910

철수와영희 출판사는 '어린이' 철수와 영희, '어른' 철수와 영희에게 도움 되는 책을 펴내기 위해 노력하고 있습니다.

철수와 영희를 위한 대자보

07

한국 현대사의 민낯

패망한 일본은 한반도의 권력 구도를 어떻게 바꿨나

[해방 후부터 1970년대까지]

김삼웅과 장동석의 대자보

철수와영희

진실을 규명하고 왜곡된 역사를 바로잡아야 합니다

이탈리아의 역사철학자 크로체는 "모든 진정한 역사는 현재의 역사"라 했고, 스페인의 생철학자 오르테가 이 가세트는 "역사는 가장 엄밀한 의미에서, 그리고 가장 현실적인 의미에서 현재에 관한 학문"이라 했습니다.

'현대사'는 라틴어 Con-tempus의 어원에서 보듯이 '동시대사'를 의미하는 것으로, "당대의 문제를 역사적 관점과 역사학적 방법으로 밝혀내는 것"이라고 합니다. 너무 잘 알려져 인용조차 진부하다 싶은 E.H. 카의 "역사란 현재와 과거의 끊임없는 대화"라는 명구도 현대사의 중요성을 깨우치는 대목이지요.

'이명박근혜' 정부에서 '역사'가 크게 훼손되고 '현대사'가 거꾸로 흐르고 있습니다. 독재자들을 '건국의 아버지'니 '부국의 아버지'니 하는 따위로 띄우는가 하면, 특정인을 '반신반인'이라고까지 추앙합니다. 무너뜨린 독재자의 동상을 다시 세우고, 교과서를 왜곡하다 못해 국사 교과서를 도로 국정으로 하려는 조짐까지 나타나고 있습니다. 역사의 반동 현상이 극심합니다. '싸우면서 배운다'는 말을 따르기라도 하듯이, 북한을 욕하면서 그쪽의 '국정교과서' 용법을 좇아가려는 것 같습니다. 이럴 때에 쓰는 용어야말로 저들이 말하는 '종북' 아닐까요.

옛사람들은 역사를 '감계(鑑戒)'라 했습니다. '지난 일을 거울에 비춰보고 교훈으로 삼는다'는 뜻입니다. 역사에서 교훈을 찾지 못하면 악습이 되풀이된다는 말이 무겁게 다가옵니다. 과거 유신 독재에 앞장서서 싸웠던 이들은 오늘의 현실을 '신유신 시대'라고 규정합니다. 프랑스의 사상가 헤겔은 "세계사에서 중요한 사건과 인물은 두 번 나타난다"라고 했습니다. "처음에는 비극으로, 나중에는 희극으로" 나타난다는 것이지요.

박근혜 정부는 도덕적 타락, 공약 파기, 지역 차별, 공공성 실종, 노동 단체와 민변·전교조 탄압, 빈부 격차 정책, 검경의 사병화, 사법의 시녀화, 보수 언론과 지식인의 어용화, 남북 갈등 등 많은 부분에서 유신 시대를 방불케 합니다. 심지어 야당의 무능과 무기력한 행태까지도 유신 시대를 닮고 있습니다.

역사학계는 대체로 1919년 3·1혁명을 현대사의 기점으로 인식하는 것 같습니다. 그런데 여기서는 늦추어 1945년 해방 시기부터 현대사로 잡고 대담을 시작했습니다. 그 기간도 어느덧 70년의 세월이 되었습니다. 우리는 지난 70년 동안 세계 어느 나라보다 더 극심한 변혁·변화·사건·사태 등을 겪었습니다. 헌법이 아홉 차례나 바뀌고, 요즘 또 개헌 논의가 불거지고 있습니다.

이 짧은 지면에서 지난 70년간 파란곡절의 현대사를 다 짚지는 못하고, 장동석 〈기획회의〉 주간의 질문에 대한 답변 형식으로 꾸몄습니다. 현대사가 워낙 방대한 데다 민감한 부분도 많아서 최대한 압축해서 '아는 대로' 정직하게 발언했으나, 잘못 알고 있거나 사실과 어긋나는 대목도 있을 것입니다. 지적해주시면 바로잡도록 하겠습니다.

'역사는 승자의 기록'이란 말이 있듯이, 우리 현대사 역시 독재·수구 세력의 장기 집권으로 많은 중요한 일들이 묻히거나 왜곡되었습니다. 진실을 규명하고 왜곡된 역사를 바로잡아야 하는 언론·지식인들의 책임이 큽니다.

기회가 다시 주어진다면, 이 책에서 미처 다루지 못한, 유신 시대에서 박근혜 시대까지의 '현재사'의 문제점을 파헤쳐 역사의 심판대에 올렸으면 합니다. "낡은 것이 사라지고 있지만 새로운 것이 아직 생겨나지 않았다는 게 바로 위기다"라는 안토니오 그람시의 통렬한 경구를 우리 현실의 처방전으로 인용하면서, 분단·전쟁·백색 독재·4·19혁명·카키색 독재·6월항쟁 등을 겪어온 우리에게 결코 절망은 없다는 말로써 용기를 찾고자 합니다.

김삼웅 드림

오늘의 역사를 함께 쓰며 내일을 기다리는 분들을 위해

책 읽고 글 쓰는 일을 직업으로 삼으면서 가장 공들여 읽는 분야를 꼽으라면 '역사'가 단연 첫 자리일 것입니다. 단순한 지적 호기심을 넘어 역사가 배태한 오늘 우리 삶에 어려서부터 관심이 많았기 때문입니다. 특히 한반도의 근현대사는 저의 오랜 관심 분야 중 하나인데, 중고등학교 시절부터 읽었던 대하소설의 영향이 큽니다. 이병주의 『지리산』과 박경리의 『토지』를 통해 전해 들은 질곡 많은 이 땅의 역사는 가슴 사무치게 아팠고, 조정래의 『태백산맥』은 마치 하늘이 두 쪽 나는 듯한 강렬함을 남겼습니다. 그래서일까요. '해박'까지는 아니어도 나름대로 역사 공부를 많이 했다고 자부했습니다.

하지만 김삼웅 선생과 대화를 나누면서 제 알량한 자부심은 여지없이 깨지고 말았습니다. 지식의 부족함을 깨닫기도 했지만 사건 하나하나를 씨줄과 날줄로 엮어 그것이 오늘 우리 앞에 어떤 현실로 드러나고 있는지 조목조목 짚어내는 선생의 깊은 통찰력에 감명을 받았기 때문입니다.

역사에 가정이란 없습니다. 가정은 가정일 뿐, 오늘 우리 삶의 현실을 바꾸지 못합니다. 섣부른 가정은 도리어 우리를 과거에 얽매이게 합니다. 때로는 우리 앞에 닥친 난관을 헤쳐나가지 못하는 우를 범하게 하기도 합니다. 그럼에도 김삼웅 선생과 이야기를 나누는 내내 '그때 친일파가 일소되었다면'이라는 가정을 할 수밖에 없었습니다. 이야기가 깊어지면 깊어질수록 오늘 우리가 직면한 문제들, 즉 정치·경제·사회 전반에 퍼진 거대한 악은 친일파를 청산하지 못한 아픈 과거와 잇닿아 있었기 때문입니다.

가정이 부질없다면, 그것의 함의를 오늘 우리 현실에 맞게 되살리는 작업은 언제나 필요한 일입니다. '과거'는 '현재' 우리의 삶을 규정하는 실체입니다. 어디 현재뿐이겠습니까? 과거는 현재와 끊임없는 대화를 통해 '미래'를 열어가는 주체이기도 합니다. 그런 점에서 한 사회의 과거와 현재, 미래는 하나의 시공간 안에 존재하는 그 무엇인 셈입니다.

스위스의 역사가 야코프 부르크하르트는 역사를 일러 "한 시대가 다른 시대 속에서 찾아내는 주목할 만한 것에 대한 기록"이라고 밝힌 바 있습니다. 이 말을 뒤집어보면 “다른 시대 속에서 찾아내는 주목할 만한 것에 대한 기록”을 “한 시대” 즉 ‘오늘’에 비추어 해석해야만 올바른 역사인식을 갖출 수 있다는 뜻이 됩니다. 과거의 일이 중한 만큼 오늘의 현실에서 과거를 규정하는 잣대를 어떻게 세우느냐 또한 중요하다는 의미입니다.

오늘 우리 시대의 역사인식은 어떻습니까? 한국의 민주주의는 지금 퇴행하고 있습니다. 오죽하면 미국의 〈워싱턴포스트〉지가 “한국의 언론자유가 위기에 처했다”고 보도하면서 “박근혜 대통령이 독재자인 아버지가 쓴 대본을 이어받고 있다”고 일갈했을까요. 세월호 참사에서 보여준 무능함과 집안 단속조차 하지 못해 치부를 훤히 드러낸 이 정권이 버티고 있는 한, 오늘 우리의 역사인식은 부박할 수밖에 없습니다. 오늘의 역사인식이 이렇다면 친일파가 얽히고설켜 꼬일 대로 꼬인 오늘의 역사를 바로잡는 길은 없는 것일까요.

비록 늦었지만 역사의 물줄기를 바로잡는 일을 지금 시작해야 합니다. 올바른 역사인식을 세우기 위해서는 역사적 사실을 정확하게 기술하고, 역사적 정황을 정밀하게 분석한 책들이 더 많이 출간되어야만 합니다. 이 책이 역사인식을 새롭게 하는 데 작은 불씨가 되었으면 하는 바람입니다. 엄혹한 세월을 견디며 새로운 봄을 기다리는 뜻있는 분들과 오늘의 역사를 함께 배우면서 내일의 역사를 다시금 열어가기를 기대하는 마음 간절합니다.

장동석 드림

[redacted]

1 있지도 않은 나라를 팔아먹은 이승만

장동석: 정치뿐 아니라 경제, 사회 등 다양한 지형의 핵심으로 들어가보면 한국 사회의 모든 문제는 이 책의 주제인 '청산되지 않은 과거'에 있다는 사실을 알 수 있습니다. 청산되지 않은 과거가 오늘 우리 시대에 매우 복잡한 지형으로 나타납니다. 언젠가 김무성 새누리당 대표의 가계도를 보고 굉장히 놀랐는데요, 그의 가계도만 봐도 오늘날 기득권이 어떻게 유지되어왔는지를 잘 알 수 있습니다. 그런 점에서 추악한 현대사의 뒤에서 벌어진 일들이 큰 의미가 있다고 봅니다. 이 책에 대한 제안을 받으셨을 때 어떻게 준비해야겠다고 생각하셨는지, 그 부분부터 이야기하면서 시작해보겠습니다.

김삼웅: 현대사는 바로 지금 우리가 살아 숨 쉬는 공간입니다. 그런데 지난 70년 동안 펼쳐진 우리 현대사는 정의롭고 진실한 역사적 정통성을 가진 세력보다는 반민족·반민주적인 사악한 세력에 의해서 유지되어왔습니다. 이것이 확대재생산되거나 한편으로는 세습되면서 독립운동 세력과 민주화운동 세력, 통일운동 세력 등 국가 정통세력이 항상 소수자나 아웃사이더가 되었지요. 기득권 세력으로부터 좌파·용공·종북으로 몰리게 된 것입니다. 김대중·노무현 정권 10년 동안 어느 정도 해소되는 것 같았는데, '이명박근혜' 정권이 들어서면서 더 악화되고 강화되었습니다. 이런 이유만으로도 우리가 현대사를 정확히 아는 것이 중요하다고 생각합니다. 특히 우리 근현대사에서 부끄럽고 욕된 부분들, 또 기득권 세력이 어떻게든 덮어버리고 싶어 하는 부분들을 좀 더 세밀하게 오늘의 시점에서 재조명해볼 필요가 있겠다는 생각이 들었습니다.

장동석: 사실 해방공간에서 사상과 이념의 문제들이 첨예하게 대립했습니다. 말씀하신 기득권 세력이 내세우는 논리 가운데 하나가 조

국의 광복은 우리 민족의 끊임없는 투쟁과 고유한 저력이 밑바탕이 된 것이 아니라 외세에 의해서 마치 덤으로 해방을 맞았다는 것입니다. 먼저 이런 부분들을 말씀하신 틀 안에서 짚고 넘어가야 할 것 같습니다.

김삼웅: 2014년 6월, 국민들의 분노와 저항을 불러일으킨 문창극 국무총리 후보자의 삐뚤어진 역사관과 왜곡된 기독교사관, 그리고 이인호 KBS 이사장의 "해방 직후 친일파 청산은 스탈린의 지령"이라는 따위의 인식은 그들 개인의 의사나 철학이 아니라 기득권 세력의 보편적인 사고입니다. 문창극 씨 파동이 일어나던 무렵 한 보수 일간신문에 기독교 지도자들이 낸 광고를 보니 "문창극 지명자 강연 내용의 배경을 살펴볼 때 우리 민족에 대한 각성과 분발을 강조한 것이다. 이를 왜곡된 역사의식이라고 볼 수 없다"고 엄연한 진실을 호도했더군요. 모든 사람이 진실이 아니라고 인정한 식민지사관까지도 그런 식으로 정당화하는 게 이 땅의 보수 세력입니다. 엄격히 따지면 보수도 아니죠. 극우 세력입니다. 이 사람들의 인식이나 사고방식, 역사의식이 결국 우리 한국 사회를 갈라놓고 역사를 앞으로 나아가지 못하게 만드는 가장 큰 암적인 요인이라고 생각합니다. 문창극, 이인호 사태의 교훈은 결국 이런 겁니다. 우리 사회가 극우 세력의 반동적인 구조 아래서 얼마나 무참히 짓밟히고 있는지를 여실히 보여주었다는 것이죠. 이런 사태를 어떻게 돌파하느냐가 새로운 시대를 여는 과제가 아닐까 생각합니다.

장동석: 한국 사회에서 세칭 보수라 일컫는 사람들은 보수가 아닌 극우죠. 결국 해방공간으로 돌아가야만 그 뿌리를 찾을 수 있지 않겠습니까? 극우 세력의 뿌리를 찾는 과정에서 선생님께서 늘 강조하셨던 임시정부 문제가 첨예하게 대립됩니다. 임시정부는 선생님께서 줄곧 연구해오신 분야고 답사도 여러 차례 다녀오셨습니다. 사실 임시정부는 일제강점기에 뚜렷한 족적을 남겼는데 그 의미와 역할이

축소되었습니다. 이 부분을 좀 더 상세하게 설명해주셔야만 다음 질문으로 넘어가기 쉬울 것 같습니다.

김삼웅: 우선 1919년 3·1혁명을 계기로 대한민국 임시정부가 수립된 것을 분명히 해야 합니다. 3·1혁명 직후 국내외에 여덟 개의 임시정부가 수립되거나 선포되었는데, 대부분이 상하이 임시정부로 통합되었습니다. 잠깐 3·1혁명에 대한 이야기를 해보죠. 우리가 3·1혁명을 단순히 '운동'이라고 스스로 폄하하고 있는데, 이것은 혁명적인 사건이었습니다. 첫째 일본 제국주의에 반대하는 국민의 총궐기였고, 둘째 봉건군주제를 부인하고 새로운 민주공화제를 제시하였다는 점에서 그렇습니다. 이것이 바로 임시정부로 이어졌는데, 임시정부의 약헌(約憲)과 헌법에서 3·1혁명의 정신을 이어받아 민주공화제를 채택했습니다. 3·1혁명으로 수립된 대한민국 임시정부는 27년이라는 장구한 세월 동안 중원천지를 돌면서 외적과 사활을 건 투쟁을 벌였습니다. 세계 혁명사상 또는 세계 식민지 역사상 유례가 없는 일입니다. 당시 프랑스 임시정부나 폴란드 임시정부가 있었지만 기껏해야 4~5년에 불과했습니다. 우리 임시정부는 27년 동안이나 외적과 치열하게 싸웠는데, 그 방법도 아주 다양했습니다. 의열투쟁을 비롯해서 무장전쟁, 외교론, 실력양성론 등 모든 방법을 동원해서 일제와 싸웠습니다.

장동석: 임시정부는 일본에 선전포고까지 하면서 독립에 대한 결의를 다지지 않았습니까?

김삼웅: 1941년 12월 7일 진주만 공습을 시작으로 일본이 미국과 전쟁을 벌이게 되는데, 임시정부는 이틀 후인 12월 9일 김구 주석과 조소앙 외교부장 명의로 일본에 선전포고를 합니다. 그리고 우리 애국 청년들과 미국 OSS(전략사무국)부대가 협력해서 맹훈련을 쌓으며 본국 진입을 준비하던 중에 일본이 항복하면서 국토회복 전쟁은 치

르지 못했습니다. 이런 일련의 과정을 통해 임시정부는 주권국가로서의 건국 방략을 제시했습니다. 무장투쟁과 의열투쟁 등 온갖 방법을 다 동원했던 거죠. 그런데 문제는 미국과 영국 등 연합국이 우리 임시정부를 국제적으로 승인하지 않은 것입니다. 중국국민당 장제스 정부가 미국과 영국에 승인을 요청했지만 두 나라가 끝까지 반대했습니다. 영국이 특히 더 반대하면서 미국을 움직였지요. 당시 영국은 인도, 미국은 필리핀을 식민지로 삼고 있었습니다. 세계열강이 식민지를 여럿 갖고 있을 때였는데, 만약 대한민국 임시정부를 승인하면 다른 식민지 국가들도 동등하게 대우해주거나 그런 요구를 받을 수 있다는 것이죠. 그래서 거부한 겁니다. 이것이 결국 남북 분단의 빌미가 되고 말았습니다.

장동석: 역사에는 가정이 없지만, 만약 당시 미국과 영국이 임시정부를 승인했다면 어땠을까요?

김삼웅: 미국과 영국이 우리 임시정부를 승인했다면 해방 후 우리나라의 운명이 크게 달라졌을 겁니다. 아까도 말씀드렸다시피 장제스 정부가 제안을 했지만 영국과 미국이 끝까지 반대를 했는데, 당시 식민지 문제도 있었지만 또 한 가지 중요한 것은 제2차 세계대전 후 극동의 반공 보루를 만들기 위한 조치이기도 했습니다. 소련을 견제하기 위한 반대 진지를 만들려는 미국의 의도였지요. 반공 보루를 구축하기 위해 한반도를 세계열강의 대립의 장으로 만든 겁니다. 그때는 '공관(共管)'이라고 했습니다. 공동관리한다는 말입니다. 미국과 영국이 한국을 공관한다, 즉 위임통치한다는 뜻입니다.

여기에 중요한 대목이 하나 있습니다. 3·1혁명이 일어나기 직전인 2월에 미국에 있던 이승만이 미국에 한국의 위임통치안을 제시한 것입니다. 일본 대신 국제연합이 조선을 위임통치해야 한다고 주장한 것이죠. 이 일 때문에 이승만이 임시정부에서 추방되었습니다. 신채호 선생이 당시 임시정부의 의정원 의원이었는데 "이완용은 있는 나라를 팔아먹었는데 이승만은 아직 있지도 않은 나라를 팔아먹은 역적이다"라고 비판했습니다. 임시정부에서 추방될 만하지 않습니까? 더 큰 문제는 이승만이 위임통치안을 제시한 이래 미국 정부가 기회만 있으면 한국을 국제 공관에서 통치해야 한다는 위임통치론을 주장한 것입니다. 이것이 해방 후까지 이어졌습니다. 1945년 12월 모스크바 3상회의에서는 한국을 30년 동안 위임통치하려고까지 했습니다. 임시정부는 제2차 세계대전이 발발하자 중경에 있던 임시정부를 미국 워싱턴으로 옮길 계획까지 세웠습니다. 미국의 승인을 얻기 위한 고육책이었죠. 그렇게까지 하면서 임시정부를 승인하거나 인정해달라고 했습니다. 우리 임시정부 요인들은 중경의 미국 대사관을 찾아가서 "우리 임시정부 인사들은 미국식 민주주의를 선호하며 기독교 신자들이 많다. 이것이 미국이 우리를 승인해주어야 할 이유다. 우리는 소련을 배경으로 하는 공산주의자들과는 다르다"라고까지 이야기하면서 승인을 요청했지만 허사였습니다. 우리나라가 분단된 데에는 여러 가지 요인이 있지만 가장 큰 이유는 미국과 영국이 우리 임시정부를 승인하지 않은 데에서부터 분단의 비극이 발생한 것입니다.

장동석: 남북 분단이 단순히 한 사건에 의한 게 아니라 이미 오래전 이승만이 위임통치안을 제시했을 때부터 시작된 것이라는 말씀이 사뭇 충격적입니다.

김삼웅: 역사 연구자들이 이 과정을 소홀히 하면서 놓친 부분이 많습니다. 얄타회담에서 미국은 소련에 "한국은 20년 내지 30년은 위임통치해야 한다. 아주 미개한 나라여서 짧게 끝나지 않는다"라고까지 이야기할 정도였습니다. 이런 배경에서 해방 후 임시정부를 정부 차원이 아닌 개인 자격으로 들어오라고 했던 것입니다. 임시정부는 국민의 지지와 법통이 있었고 일제와 치열하게 싸웠습니다. 일본에 선전포고를 한 전승국이자 연합국의 일원임에도 미국 등 열강이 승

인하지 않았다는 이유만으로 임시정부의 존재를 부정한 것입니다. 임시정부 요인들에게 개인 자격으로 들어오라고 하면서부터 임시정부의 실체가 없어져버린 것이지요.

장동석: 어떻게 보면 대한민국 정부의 법통 자체가 시작부터 망가져버린 상황으로 보입니다. 어떤 면에서는 이 같은 일련의 상황이 미국과 영국 등 연합국 간의 파워게임이나 식민지 통치의 일환으로도 볼 수 있지만, 임시정부를 구성하고 있는 인물들 개개인에 대한 호불호도 크게 작용하지 않았을까요? 특히 김구 선생에 대한 평가는 어땠나요?

김삼웅: 미국은 처음에는 김구 선생을 '극렬한 민족주의자'라고 해서 부정적으로 인식했습니다. 그러나 미 군정청 내에는 긍정적으로 생각한 사람도 있었습니다. 특히 군정사령관 하지 중장은 1945년 11월 2일 주한 미군 사령부 참모회의 석상에서 "김구는 스튜에 필요한 소금이 될 것이고, 그의 출현은 우리에게 도움이 될 것이다"라고 말할 정도로 긍정적으로 평가했어요. 하지의 정치 고문 베닝호프도 미국 국무성에 "공산주의자들조차 중경의 임시정부를 전적으로 부인하지 못하는 상황이므로 김구 세력을 활용하는 것이 미 군정에 대단히 유리하다"는 편지를 보낼 정도였지요. 그러니 일본 패망 직후까지 미국의 실무자들, 특히 한국을 비교적 많이 아는 실무자들은 임시정부에 적대적이지 않았던 겁니다.

장동석: 그렇다면 어떤 세력의 입김이 작용한 것일까요?

김삼웅: 여러 가지 정황으로 봐서는 이승만의 입김이 작용했던 것으로 보입니다. 이승만은 해방이 되자 맥아더가 보낸 군용기를 타고 한국에 들어왔습니다. 그러나 미 군정은 중경의 임시정부에 대해서는 3개월 후에, 그것도 1진과 2진으로 나눠서 들어오게 했습니다. 이때

부터 임시정부가 분열하기 시작한 거지요. 1진에는 김구 주석과 김규식 부주석 등이 포함되어 있었습니다. 2진은 약 보름 후에 서울도 아닌 목포 비행장으로 들어왔는데, 2진에 포함된 분들은 대단히 상심했고 분노했습니다. 이승만이 하지를 움직여서 임시정부 요인들을 우선 분열시켜놓고 보자 한 것이죠. 1진과 2진으로 나눠서 들어온 후에 김구 주석이 머물던 경교장에서 첫 국무회의가 열렸는데, 이것 때문에 시비가 붙었습니다. 왜 1진만 먼저 들어오고 2진은 비행기를 늦게 보냈느냐, 그것도 하필 목포 비행장이냐 등등 울분이 폭발한 것이죠. 우리가 생각하기에는 '며칠 늦은 게 무슨 대수랴' 싶지만 해방공간에서 누가 먼저 들어오고 누가 나중에 들어오느냐가 상당히 중요한 문제였습니다. 그래서 이승만이 미국 육군성에 애걸하다시피 해서 먼저 들어온 것이지요. 여기에도 사연이 많이 있습니다.

장동석: 어떤 사연인가요?

김삼웅: 애초에 미국 국무성은 이승만을 인정하지 않았어요. 분열주의자라고 생각했죠. 이승만은 미국에서도 설 땅이 좁아지자 미국 육군성에 줄을 대고 맥아더에게 거의 애원하다시피 전보를 치고 편지를 씁니다. '당신은 반공주의자로서 소련을 폭격해야 한다'는 내용까지 있습니다. 당시 맥아더는 미국 국무성에서 따돌림당하던 인물이에요. 미국 국무성은 전쟁을 마무리해야 한다고 생각했지만, 맥아더는 확전주의자였죠. 이런 분위기를 간파한 이승만이 맥아더에 선을 대서 자꾸 부추긴 겁니다. 미국 신문에 맥아더에 관한 글을 쓰기도 했는데, 맥아더 입장에서는 하버드 출신의 동양 정치인이 자기를 치켜세워주니 얼마나 고마웠겠어요. 그런 관계인지라 해방이 되자 이승만을 도쿄로 불러 미 군복까지 입혀서 한국에 들여보낸 겁니다. 기가 막힐 노릇 아닙니까? 누군가는 '국부'라고 부르는 사람이 미군 대령 군복을 입고 들어온 겁니다. 게다가 맥아더는 하지를 도쿄로 불러서 이승만을 영접하라고까지 했습니다. 그래서 하지가 이승만을

'모시고' 김포공항에 도착하게 된 거지요.

반대로 임시정부에는 석 달이 지나도록 비행기를 보내지 않았습니다. 장제스가 중경에서 상하이까지 비행기로 이미 '모셔다드린' 상태였습니다. 거기서 한국으로 오려면 맥아더가 비행기를 보내야 하는데 안 보낸 겁니다. 석 달이 지나도록 말이죠. 결국 이승만은 미 군정의 호위 속에서 화려하게 조명을 받으면서 들어올 수 있었고, 김구 주석의 임시정부 세력은 관심에서 벗어날 수밖에 없었습니다. 대규모의 임시정부 환영준비위원회가 구성되어 있었는데도 귀국 일정조차 알리지 않았으니 얼마나 통탄할 노릇입니까. 게다가 미 군정은 김구 주석 일행이 김포공항에 도착하자 바로 지프차에 태워 숙소인 죽첨장(지금의 경교장)으로 향했습니다. 그리고 숙소까지 가는 동안 지프차의 커튼을 다 쳐버려 사람들이 볼 수 없도록 했습니다. 1진이 이 정도였으니 2진은 어땠겠습니까?

사실 당시 국민들은 이승만이 누군지 전혀 몰랐습니다. 김구 주석에 대해서는 중국에서 임시정부를 이끌며 독립운동을 한다는 사실이 많이 알려져 있었죠. 하지만 미 군정이 이승만을 엄호하면서 방송이나 신문에는 이승만 이야기만 나오는 형국이 되었습니다. 그런 가운데 임시정부 2진까지 들어온 다음 날 임시정부 첫 국무회의가 경교장에서 열렸고, 일종의 분란이 일어나게 된 것입니다. 그런데 이런 시나리오를 이승만이 계획했다는 말이 있어요. 이승만이 임시정부를 분열시키기 위해 미 군정과 함께 모종의 공작을 폈다는 주장을 역사학자인 김기협 선생이 제기한 적이 있습니다.

2 나를 거역하면 죽여버리겠다

장동석: 해방공간에서 임시정부가 국내에 들어오는 과정을 보면 정부의 법통 자체가 시작부터 무너진 상황이라고 볼 수 있습니다. 해방이 되었음에도 우리 스스로 정부를 세울 수 있는 권한 자체를 상실한 상태였던 것이죠. 이 과정에서 신탁통치 문제가 대두됩니다. 그렇다면 신탁통치는 위임통치안과 밀접한 연관이 있다고 봐야겠군요.

김삼웅: 미 군정이 임시정부를 개인 자격으로 들어오라고 하자 김구 주석은 이렇게 말했습니다. "군정이 실시되고 있으니 대외적으로는 개인 자격이지만 한국 사람 입장으로 보면 임시정부가 환국한 것이다." 분명한 선을 긋고 시작한 것이죠. 반면에 이승만은 귀국에 앞서 미 국무장관 애치슨에게 다음과 같은 글을 보냈습니다. "나는 북위 38도선 이남의 한국 구역이 현재 미군에 의해 통제되는 군정의 통치 아래 있다는 사실을 인정하며, 군정이 종식되기 전까지는 동 지역에서의 체류 기간 중 본인의 모든 활동이 동 기관의 법령과 규칙에 의해 통제받는 것에 동의한다." 이승만의 서약과 김구의 환국 선언을 보면 미 군정이 누구를 더 선호했겠습니까? 이때부터 이승만에 대한 선호가 시작되고, 김구 주석은 배척된 것이죠.

또 이런 사례가 있습니다. 1945년 12월 30일, 임시정부는 신익희 내무부장 이름으로 임시정부 국자(國字) 포고문 1, 2호를 선포합니다. 당시에도 김구 선생이 주석이었는데, 이것이 미국과 대립하게 된 결정적인 요인입니다. 첫째가 '미 군정청 산하의 모든 한인 직원들은 임시정부의 지휘를 받아라'입니다. 사실상 미 군정에 선전포고를 한 겁니다. 둘째는 '모든 국민은 임시정부의 지휘 아래 반탁운동에 참여하라'입니다. 이 포고문은 임시정부가 국내 행정과 치안, 경제를 담당하겠다는 '주권 선언'입니다. 그러나 미 군정 측에서 보면 일종의 쿠데타와 같은 것이었죠. 놀라운 일은 이 포고문이 나가자 서울시내 7개 경찰서장들이 경교장을 찾아와서 충성을 맹세한 겁니다. 단순히 포고문만 내놓은 것이라면 별문제가 없었겠지만, 실제 행동으로 옮겨지자 미국으로선 거대한 도전을 받게 된 것이죠.

장동석: 미 군정이 상당히 기민하게 움직인 것으로 알고 있는데요.

김삼웅: 경찰서장들이 임시정부에 충성을 하겠다고 선언하자 하지 장군은 12월 31일 0시를 기해 김구 선생을 체포하여 인천의 연합군 포로수용소에 수용했다가 중국으로 추방할 계획을 세웠습니다. 하지만 실천 단계에서 주위의 만류로 포기하고 맙니다. 만약 임시정부 주석을 중국으로 추방할 경우 한민족의 거국적인 저항에 부딪힐 것이 뻔했기 때문입니다. 실제로 그럴 가능성이 꽤 농후했습니다. 추방 계획은 포기했지만 하지는 김구 주석을 불러 "만약 당신이 나를 거역하면 죽여버리겠다"고 협박했습니다. 그런 것에 놀랄 김구 선생이 아니죠. 오히려 "그런 협박을 한다면 나는 자살로써 민족혼을 지키겠다"고 큰소리쳤죠. 이승만 등 다른 사람들은 하지를 못 만나서 안달인데, 이런 일들로 김구 선생과 임시정부는 미 군정과 돌이킬 수 없는 지경에 이르게 됩니다. 결국 얼마 후 이승만 정권에서 미국 CIC(미군방첩대) 요원인 안두희에게 김구 선생이 암살되고 말지요.

장동석: 미국은 한국과 일본에서 공히 군정을 실시했는데 그 방식이 참으로 달랐습니다. 이 대목도 상당히 중요하지 않을까 싶은데요.

김삼웅: 미국은 제2차 세계대전 말기에 일본 패전 이후 군정 실시에 대비해서 약 2,000명의 민정관을 양성했습니다. 맥아더 휘하에 2,000명 정도의 행정관과 민정관을 두고 일본을 간접 통치했던 겁니다. 하지만 한반도에 대해서는 아무런 준비가 되어 있지 않았습니다. 일개 야전군 사령관에게 맡겨버립니다. 그리고 3년간 직접 통치를 했어요.

여기에도 모종의 이야기가 있습니다. 일부 어용학자들이 우리나라가 독립이 된 데에는 카이로선언[1]이나 얄타회담[2], 포츠담선언[3] 등의 영향이 큰데 그것이 모두 이승만의 역량이라고 주장하는데 당치도 않은 말입니다. 이승만이 미국에서 30년 넘게 외교 활동을 벌였다고는 하지만 미국 국무성 등에서는 이미 기피 인물이 되었습니다. 한인 사회의 분열주의자였기 때문이죠. 어떻게 보면 미국이 한국에 관심도 없고, 임시정부도 인정하지 않은 것은 이승만 탓일 수도 있습니다. 일본에는 민정관 2,000여 명을 양성하면서도 한반도는 전혀 준비도 없이 야전군 사령관에게 맡겨버렸는데, 미국이 우리를 아주 우습게 봤던 것입니다. 그러니 20년 내지 30년은 신탁통치를 해야 한다는 말을 공공연히 할 수 있었던 것이죠.

해방 후에 몇 가지 유행어가 있었는데요. 미 군정 사령관 하지에게는 '조선 독립 하지 하지 하고 하지 않는 하지'라는 말이 유행했습니다. 군정장관 아놀드 소장은 '아놀다하지'라고 불렀어요. 아놀드 소장이 물러나고 2대 군정장관으로 임명된 러치 소장은 '그렇지, 그렇지, 그러니까 러치'라고 조롱했습니다. 자신의 의견은 하나도 없고 본국 명령에만 순종하는 것을 비꼰 것이죠.

1) 카이로선언(미국 · 영국 · 중국, 1943년 11월 27일)의 특별조항에 '현재 한국민이 노예 상태 아래 놓여 있음을 유의하여 앞으로 한국을 자유독립국가로 할 결의를 가진다'라고 명시했다. 처음으로 한국의 독립이 국제적으로 보장받았다.

2) 얄타회담(미국 · 영국 · 소련, 1945년 2월 4일~11일)에서 독일의 분할 점령과 비무장화, 소련의 대일 참전에 관한 사항 등이 결정되었으며, 한국에 대한 신탁통치가 루스벨트에 의해 언급되었다.

3) 포츠담선언(미국 · 영국 · 중국 · 소련, 1945년 7월 26일)에서 카이로선언의 한국 독립을 다시 확인하였다.

장동석: 하지가 처음에는 김구 선생을 매우 긍정적으로 평가했지만 해방 이후 마찰을 빚으면서 충돌하게 되는데요, 자신들의 계획에서 자꾸 어긋나니까 기피 인물로 낙인을 찍은 거겠죠?

김삼웅: 미국 국익에 맞도록 신탁통치도 받아들이고, 임시정부도 내세우지 말고 미 군정에 추종하라는 것이죠. 그런데 국자 포고문 1호와 2호를 선포하면서 미 군정에 대립하는 형국이었습니다. 그리고 남북협상을 벌인 것은 미국 입장에 크게 반하는 것이었지요. 그래서 미국이 이승만을 선택하는 결과를 낳은 겁니다. 이승만에 앞서 미국 박사 출신의 임시정부 부주석 우사 김규식 선생을 타진해보았지만 우사 선생은 통일정부 아닌 단정에는 결연히 반대하는 입장이었습니다.

장동석: 일본에서 군정을 실시하기 위해 2,000명 정도의 민정관을 양성했다고 하셨잖습니까? 그 무렵 루스 베네딕트의 『국화와 칼』이 출간되었습니다. 1944년부터 1946년까지 조사가 이루어졌는데, 사실 이 책은 적국 일본을 알기 위한 치밀한 조서라고 봐야 합니다. 심지어 일본을 연구하는 가장 기초적인 자료이자 고전으로 평가받고 있습니다. 그런데 한반도에 대한 조사가 전혀 없었다는 것은 우리를 일본의 속국 정도로밖에 여기지 않았다는 반증 아니겠습니까?

김삼웅: 가장 큰 이유는 미국이 일본과 가쓰라-태프트 밀약[4)]을 맺는 등 일본을 동북아시아의 맹주로 인식하고 있었기 때문입니다. 일본을 소련의 공산주의에 대처할 수 있는 방어선으로 봤던 것이죠. 반면 한반도에 대해서는 일본을 방어하는 정도로 여겼을 뿐 인식이 아주 낮았습니다.

4) 1905년 7월 미국과 일본이 필리핀과 대한제국에 대한 서로의 지배를 인정한 협약. 일본이 미국의 승인 아래 한반도의 식민지화를 추진하는 계기가 되었다.

장동석: 잘 알지도 못했고요.

김삼웅: 미국 국무성에서 분석한 자료를 보면 '한국인은 분열이 심하다'는 내용이 있어요. 하와이와 미국 본토의 교포 사회에서 많은

분열과 분파 싸움이 있었기 때문이죠. 사실 그 중심에는 항상 이승만이 있었습니다. 그래서 한국 망명가들에 대한 인식이 좋지 않았고, 그것이 중경 임시정부까지 연결된 것입니다. 장제스가 임시정부를 인정하자고 하니까 미국은 "중경에 있는 임시정부 세력이 조선 민중을 대표할 수 있는 세력이라 할 수 있느냐, 우리가 보니 그런 건 아니더라"고 응수했어요. 이승만의 죄업이 한두 가지가 아닙니다.

장동석: 요즘처럼 인터넷이 발달되었으면 그 죄악들이 모두 알려졌을 텐데요.

김삼웅: 당시에도 아는 사람은 많이 알고 있었어요. 제2차 세계대전 말기 이승만이 임시정부 외교위원장 신분이었는데, 하와이 한인회 등에서 자격을 박탈하라고 수차례 청원을 했어요. 하도 동족끼리 분열을 부추기고 하니까 그런 탄원서를 낼 수밖에 없었던 것이죠.

장동석: 이런 인물을 '국부'라고 칭송하는 사람들이 아직도 정권을 잡고 있다는 것이 우리 사회를 더 큰 격변으로 몰아넣고 있다는 생각이 듭니다. 화제를 좀 바꿔보겠습니다. 해방 이후 가장 큰 문제는 독립을 쟁취하긴 했지만 나라가 사실상 풍비박산이 난 상태라는 것 아니겠습니까? 200퍼센트 이상의 인플레가 일어날 정도로 경제는 파탄이 나 있었습니다. 민초들의 삶은 그야말로 지옥이었던 거죠. 일본이 물러가면서 국민들이 어떤 기대를 가지고 있었는데, 정치적인 불안이 결국 경제적인 불안으로 이어진 것은 아닌지 생각해봅니다.

김삼웅: 일제가 항복하고 나서 총독부가 몇 가지 조치를 취했는데, 가장 먼저 한 일이 제일은행에 있던 금괴를 일본으로 가져간 것이고, 두 번째가 식민통치 기간 독립운동가는 물론 죄 없는 사람마저 고문하고 죽인 비밀 자료들을 불살라버린 것입니다. 세 번째는 화폐를 대량으로 발행해서 금과 은 등으로 바꾼 것입니다. 일제는 패망하고도

화폐를 계속 발행해서 총독부 경찰이나 공무원, 헌병들에게 민간복을 입혀서 이런 일을 자행했습니다. 그러니 일본이 물러가고 3개월 후에는 화폐 가치가 200~300퍼센트 인플레가 되어버린 것입니다. 쌀 한 가마니 사기도 어려운 형편이었죠. 일본이 얼마나 교활하고 잔인한지는 우리나라에서 금과 은 등 귀금속류를 일본으로 얼마나 많이 빼돌렸는지를 보면 알 수 있습니다. 독립운동가와 국민들을 고문하고 학살한 만행도 그렇지만, 해방 후에 우리가 자립 경제를 건설할 수 있는 기본적인 물자를 다 빼돌린 것이 치명적이었습니다. 우리나라 국보 등 문화재 유출은 말할 것도 없고요.

장동석: 36년 동안 그렇게 많은 착취를 했으면서도 도망가는 와중에 실리를 확실하게 챙겨간 것이군요.

김삼웅: 당시 우리 민족은 36년이라는 오랜 세월 동안 말로 표현할 수 없는 시달림과 착취를 당했기 때문에 꼼짝할 수 없었습니다. 보복당할까 두려웠던 것이죠. 그래서 일제가 이런 유행어를 만들어서 유포했던 것입니다. "미국놈 믿지 말고, 소련놈에 속지 말라. 일본놈 다시 일어선다. 조선놈 조심해라." 조금 전에 말씀드린 것처럼 경찰, 공무원, 헌병들을 민간복으로 갈아입히고 일본 화폐를 금과 은으로 바꾸면서 이런 말을 퍼뜨린 것입니다. 시장 등을 돌아다니면서 말을 옮긴 것이죠. 우리 민족은 하도 많이 속고 당해왔기 때문에 피해의식이 많이 남아 있었습니다. 정세를 자세히 모르니 유언비어대로 '일본놈들이 다시 일어나?'라고 생각할 수 있었던 거죠. 실제로 제2차 세계대전 후 식민지 국가들 중에서 장기간 피해를 입고도 해방 직후 억압세력에 보복을 하지 않은 나라는 우리나라가 유일합니다. 총독부의 지시에 따른 유언비어가 얼마나 큰 효과가 있었는지 알 수 있는 대목이죠. 당시 나돌았던 유행어들은 한번 스쳐 지나가는 일회용 같은 것인데, 생겨난 연유를 따져보면 일본 제국주의자들의 농간이 얼마나 악랄했는지 알 수 있습니다.

장동석: 전쟁에 지고서도 당당하게 자기네 것도 아닌 것을 챙겨간 일본의 뻔뻔함이 놀랍습니다. 그런데 당시 인플레가 얼마나 심했으면, 서민들이 지폐 다발을 한 묶음 들고 가도 쌀 한 되 받아오기 힘든 지경이었다면서요?

김삼웅: 일제강점기를 다룬 드라마나 영화를 보면 그런 장면이 종종 나오죠. 그런데 인플레도 인플레이지만 실은 귀환 동포들, 즉 일본과 만주, 러시아, 동남아시아 등지로 오로지 살기 위해 떠났던 사람들이 일시에 엄청나게 들어온 이유도 있습니다.

장동석: 그렇군요. 당시에 엄청난 동포들이 이른바 환국선을 타고 돌아왔죠.

김삼웅: 일본의 잔악함은 여기서도 드러나는데요, 1945년 8월 24일 귀환선 우키시마호를 침몰시켜버립니다. 태평양전쟁 중 '보국대'라는 이름으로 끌려가 일본 북쪽 끝 아오모리 지역에서 비행장 건설 등 강제노동에 투입되었다가 해방을 맞아 고향으로 돌아가려는 한국인 노동자와 가족들을 태우고 부산으로 가던 배였습니다. 지금까지도 정확한 원인이 규명되지 않은 사건인데요, 우키시마호 사건으로 6,000~8,000명 정도 수장된 것으로 알려졌습니다. 이런 비극을 겪으면서도 일본과 만주 등지에서 귀환 동포들이 시시각각 몰려 들어왔고, 갑자기 인구가 불어나버리니 인플레가 더 심해진 것이죠.

3 일본은 항복 시점을 골랐다

장동석: 해방된 나라에서 살 수 있다는 희망으로 돌아왔지만 경제가 어려워진 요인이 되었다니 참으로 역사의 아이러니라 하겠습니다. 다시 신탁통치 이야기로 가보겠습니다. 신탁통치에 대한 논의는 우리나라 내부뿐 아니라 전승국들의 각자 논리에 따라 의견이 상당히 분분했습니다. 신탁통치는 말씀하셨던 위임통치와 연결된 선상에서 봐야 하는 건가요?

김삼웅: 미국식의 연합국 공동관리는 바로 1919년 이승만이 제기했던 위임통치안의 변형이라고 볼 수 있습니다. 그래서 1945년 12월 모스크바 3상회의에서 미국이 소련에 공동관리를 제안했고, 5년간 신탁통치안이 나왔던 것이죠. 처음에는 30년을 제안했다가 5년만 하겠다고 한 것입니다. 결국 신탁통치는 순전히 미국의 작품이라고 볼 수 있습니다.

장동석: 그렇다면 신탁통치안이 나올 수밖에 없었던 당시 미국의 상황은 어떻게 설명할 수 있을까요?

김삼웅: 그 시점에 미국이 가장 두려워했던 것은 중국에 있는 일본 관동군이었습니다. 당시 관동군의 병력을 200만 명이라고 하는 사람도 있고 300만 명이라고 하는 사람도 있습니다. 미국은 오키나와 등을 결국 점령하기는 했지만 상당히 많은 희생을 치렀습니다. 그러다 보니 중국에 있는 관동군의 엄청난 전력이 두려웠던 것입니다. 그렇다고 중국에 원자폭탄을 투하할 수도 없는 노릇이었습니다. 그래서 소련을 끌어들이는 방법밖에는 없다고 판단한 것입니다. 소련을 끌어들여서 포츠담선언에도 참여하게 한 것이죠. 소련은 일본에 선전포고를 하고 참전을 하는데, 일본에 두 번째 원자폭탄이 떨어진 직

후입니다. 이 대목이 매우 중요한 부분인데 따로 자세하게 설명하겠습니다. 미국 입장에서는 소련의 힘으로 일본 관동군을 무장해제시켜야 했습니다. 그러기 위해서는 소련에 일정한 지분을 줄 수밖에 없었던 것이죠. 그래서 여순과 사할린을 떼어주게 됩니다. 떼어준다기보다는 원래 소련 관할이었으니 인정해주는 거죠. 그리고 한반도를 자기들이 다 점령할 수 없으니 소련의 힘을 빌린 것입니다. 당시 일본군 16만 병력이 한반도에 주둔하고 있었어요. 그래서 소련군은 38도선 이북에서, 미군은 38도선 이남에서 일본군을 무장해제하게 됩니다.

장동석: 어떤 원칙이라든가 혹은 한민족의 장래는 전혀 고려 대상이 아닐 수밖에 없는 상황인데요.

김삼웅: 그렇습니다. 한민족의 장래에 대해서는 세계열강 어느 나라도 관심이 없었습니다. 미국은 한국의 역사적 맥락 등은 전혀 감안하지 않고 단지 전후 처리 일환으로 한반도를, 그것도 미국 육군 대령 두 사람이 30분 만에 정한 38도선으로 가른 겁니다. 미국은 오로지 전후 소련을 어떻게 봉쇄할 것인가에만 관심이 있었습니다. 38도선을 기준으로 남북을 가르니까 소련 입장에서는 깜짝 놀랐다고 합니다. 자기들은 별로 한 일이 없으니 북위 40도 이북만 줘도 감지덕지라고 생각했는데 38도선으로 가르니 놀랄밖에요. 소련으로서는 순순히 승인할 수밖에 없는 호조건이었습니다. 미국도 놀랐죠. 소련이 이렇게 쉽게 승낙한다 말인가, 하고 말입니다. 소련의 힘으로 봐서는 더 내놓으라고 할 수도 있었다는 겁니다. 결국 우리 민족이 세계열강의 패권 다툼에서 희생양이 된 것이죠. 도마 위 생선의 운명이 된 것입니다. 민족 분단이라는 비극은 이처럼 어이없는 세계열강의 이익 다툼에서 시작된 것입니다.

장동석: 그렇다면 정말 얼떨결에 한반도의 운명이 결정된 것이네요.

아무런 계획도 없이 말입니다. 단순하게 지금 눈앞에 보이는 관동군을 어떻게 처리할 것인가 하는 문제 때문에 우리 민족이 70년이 넘도록 분단의 아픔을 겪고 있다는 사실이 안타깝습니다.

김삼웅: 한 세기 가까이 고통에 신음했고, 지금 우리가 겪고 있는 모든 문제의 뿌리가 거기서 비롯된 것입니다.

장동석: 역사가 오늘 우리 삶을 규정한다는 사실을 또 한 번 절실하게 느낍니다. 더더욱 역사에서 배워야겠다는 생각이 드는군요.

김삼웅: 역사에서 배워야 하는데, 자세한 상황과 내용을 알려고 하지 않아요. 역사적 진실이 오롯이 전해지지도 못하는 실정입니다. 이를테면 미국이 우리를 해방시켜주었다는 인식 같은 것 말입니다.

장동석: 요즘은 젊은 세대에게도 그런 인식이 널리 퍼져 있는 것 같습니다. 문창극 같은 인물의 발언이 언론에 보도된다 해도 많은 사람이 그런 내용을 아무렇지도 않게 받아들입니다. 이 대목은 사실 요즘 기득권 세력에 의해 전파된 아주 일반적이고 보편적인 현상이라는 생각이 듭니다.

김삼웅: 학자들도 그렇지만, 언론인들 중에도 우리가 분단된 배경 등 원천적인 문제는 빼버리고 미국의 힘으로 독립이 됐다, 미국이 공산주의를 막아주었다는 식으로 극히 파편적인 부분만 강조하는 사람들이 있습니다. 극우 학자들에 의해서 이런 내용들이 교과서와 신문 등에 실리면서 역사를 왜곡해버리는 것이죠. 중요한 사실이 또 있습니다. 여러 정황을 보면 미국은 분단에 대한 책임이 상당히 큽니다. 하지만 분단은 패전한 일본의 교묘한 전략 때문이기도 했습니다.

장동석: 패망한 일본이 교묘한 전략을 폈다니요? 어떤 전략인지 자

세하게 말씀해주시지요.

김삼웅: 1945년 8월 6일 히로시마에 원자폭탄이 떨어졌습니다. 이어서 나가사키에도 원자폭탄이 투하되죠. 이때 16만 명이 희생되었습니다. 원자폭탄이 투하되고 12시간이 지난 뒤 소련이 일본에 선전포고합니다. 바로 이 대목입니다. 두 차례 원자폭탄 투하로 16만 명이나 희생되었는데도 일본은 왜 곧바로 항복을 하지 않고 굳이 소련의 참전을 기다렸는가. 그리고 소련이 선전포고를 하고 만주를 통해 북한으로 병력을 이동할 시점에 항복을 했는가.

일본이 즉각적으로 항복하지 않은 이유는 이렇습니다. 소련이 참전하기 전에 항복을 해버리면 소련이 개입할 여지가 없으므로 한반도가 분단될 이유가 전혀 없었습니다. 이걸 일본이 내다본 겁니다. 소련이 참전해서 북한에 진주하면 미국과 소련이 한반도를 분할할 것으로 예상한 것이죠. 역사적으로 이것을 뒷받침하는 선례가 있습니다. 일본은 임진왜란 당시 전세가 불리해지자 명나라에 제안을 합니다. 지금의 분단 지형과 상당히 비슷한데, 남쪽 4개 도를 일본이 차지하고 북쪽 4개 도는 명나라가 차지하자는 것입니다. 러일전쟁 때에도 비슷한 제안을 했어요. 일본은 한반도의 역사적 · 지정학적 맥락을 잘 알고 있었습니다. 몽골의 일본 침략 이후 한반도가 대륙 세력이 일본을 침략하는 발판이 될 수 있다는 것을 오래전부터 알고 있었기 때문에 항상 위기의식을 느끼고 있었습니다. 그래서 임진왜란 당시부터 어떻게든 한반도를 분단시키려고 했는데 마침내 그 순간이 온 것이죠. 며칠만 버티면 소련이 참전한다, 이건 필연이다,라고 본 것입니다. 포츠담선언에서 소련이 이미 참전하겠다고 했기 때문에 히로시마와 나가사키에 원자폭탄 세례를 받으면서도 소련의 참전을 기다린 겁니다. 소련의 참전을 계기로 한반도가 분단될 것이라고 확신했기 때문이죠. 일본은 한반도가 분단될 것을 기대하면서 항복 시점을 고르다가 8월 10일 스웨덴 대사관을 통해 미국에 항복 의사를 전했습니다. 그리고 15일 항복을 선언했습니다. 이런 일련의 사건을 되짚을 때마다 저는 우리나라 지도자들이 공부를 참 많이 해야겠구나 생각합니다. 우리처럼 세계열강의 틈에 있는 나라는 자의보다는 타의에 의해 국가의 운명이 결정되는 경우가 많습니다.

장동석: 일본은 항복하는 순간까지도 치밀한 전략을 세워서 실행에 옮겼군요. 이런 상황에 참고할 만한 사례가 있는지 궁금합니다.

김삼웅: 제2차 세계대전 후 오스트리아는 네 구역으로 분할이 됐습니다. 미국, 영국, 프랑스, 소련이 10년 동안 신탁통치를 했지요. 10년이 될 무렵에 제일 먼저 소련군을 퇴진시켰습니다. 당시 좌파, 우파, 중도파 등이 난립했지만 이 문제에서만큼은 단합을 했어요. 소련군을 퇴진시키고 이어서 영국군, 프랑스군, 미군을 차례로 퇴진시킵니다. 이후 영세중립국을 선포하죠. 오스트리아는 지금 유럽에서 가장 안정적이고 평화로운 나라입니다. 우리는 어땠습니까? 신탁통치 기간 좌우로 갈라지고 친미와 친소로 분열했습니다. 명분도 잃고 실리도 살리지 못했습니다. 제가 지도자들의 역할을 이야기한 이유가 이 때문입니다. 격변의 시공간에서 지도자들의 역할이 얼마나 중요합니까. 해방공간에서 우리 지도자들의 역할은 아쉽기도 하고 안타깝기도 합니다. 지금 미국과 중국의 패권 경쟁에서도 마찬가지이고요.

장동석: 그렇다면 원자폭탄이 떨어진 뒤 일본이 즉각 항복했다면 한반도가 아니라 일본이 분할 통치되었을 것이다, 이렇게 생각할 수도 있을 것 같은데요.

김삼웅: 가설이지만 능히 그럴 수가 있는 상황이었습니다. 제2차 세계대전 최대 전범 국가인 독일은 동독과 서독으로 나뉘었습니다. 오스트리아도 분할되었는데, 같은 전범 국가인 일본은 분할되지 않았습니다. 사실 독일과 오스트리아는 미국을 직접 공격하지도 않았습니다. 일본은 미국을 직접 공격했어요. 이런저런 이유를 생각해보면

미국 입장에서는 일본을 분단할 수 있는 충분한 명분이 있었습니다. 하지만 일본은 고도의 전략을 펴면서 소련이 들어오길 기다렸어요. 이런 걸 보면 일본 지도층을 만만하게 봐서는 안 됩니다.

장동석: 감정적으로만 대해서는 안 된다는 말씀으로 들립니다. 최근에 일본이 집단자위권을 행사할 수 있도록 일련의 조치를 취하는 것을 보면서 그런 생각이 더 깊어집니다. 지금 굉장히 민감한 상황인데, 이런 조치들이 고도의 전략을 가지고 중장기적으로 준비하고 있는 것이 아닌가 하는 의심이 듭니다.

김삼웅: 일본이 지금 이렇게 고자세로 나올 수 있는 것도 100년 전 가쓰라–태프트 밀약을 맺을 당시부터 미국이 나름대로 지원하고 있기 때문입니다. 미국의 지지가 아니면 불가능한 일이거든요. 최근 일본 〈마이니치신문〉 조사에 따르면 국민 58퍼센트가 집단자위권 행사를 반대합니다. 그런데도 일본이 집단자위권을 행사하려는 현실적인 이유가 있습니다. 중국 때문이죠. 미국은 제2차 세계대전 후에는 소련에 대한 반공 보루를 만들기 위해서 한반도를 분할했지만, 지금은 중국이라는 거대한 힘을 방어하기 위해서 일본을 앞세울 수밖에 없는 것이죠. 그 전초기지로 한국을 끌어들이고 있고요. MD(미사일방어)정책이 그런 거 아닙니까? 일본은 저만치 앞서가고 있어요. 그런데 우리 정부는 "일본이 집단적 자위권을 행사함에 있어 한반도 안보 및 우리의 국익에 영향을 미치는 사안은 우리의 요청 또는 동의가 없는 한 결코 용인될 수 없다는 것을 다시 한 번 분명히 한다"는 한가한 소리만 하고 있습니다. 무책임한 발언이죠. 일본은 이미 몇 단계를 앞서가고 있어요. 생각해보세요. 전쟁이 벌어졌는데 우리에게 양해를 받고 자시고 할 게 있나요? 100년 전 가쓰라–태프트 밀약, 일제강점기에 이어 우리나라가 또 한 번 위기를 맞고 있는 것 아닌가 하는 생각이 듭니다.

4 패망한 일본은 한반도의 권력 구도를 어떻게 바꿨나

장동석: 화제를 좀 바꾸어보겠습니다. 해방공간에서 백범 김구 선생과 함께 몽양 여운형 선생의 이야기를 빼놓을 수 없는데요, 우리가 알고 있는 것과는 다른 이야기가 많지 않습니까? 사실 저도 어릴 때 '여운형은 공산주의자'라고만 생각했거든요. 아직도 그렇게 생각하는 사람들이 많은 게 현실이고요.

김삼웅: 많이 있죠. 여운형 선생, 한마디로 참 멋있는 분입니다. 제가 곧 『여운형 평전』을 출간할 예정인데요, 여운형 선생은 우리 독립운동사에서 독특한 위치에 있는 분입니다. 경기도 양평의 대단한 부잣집 아들이었는데, 열아홉 살 때 아버지가 돌아가시자 노비 문서를 모두 불태워 집안의 노비들을 해방시켰어요. 그리고 바로 독립운동을 시작했지요. 3·1혁명을 촉발시킨 사람 중의 한 분이 바로 여운형 선생입니다. 1919년 1월 18일부터 1920년 1월 21일까지 열린 파리강화회의에 우리 민족 대표를 참석시켜야겠는데 개인 자격으로 가면 누군지 알 수 없으니 먼저 신한청년당을 만들어 김규식 선생을 참석시킵니다. 신한청년당은 우리나라 최초의 근대 정당입니다. 제1차 세계대전 종결과 전후 처리에 관한 파리강화회의에 우리 대표를 파견하기 위해 급히 만든 것이죠.

그런데 김규식 선생과 여운형 선생이 대표만 보내서는 아무런 의미가 없으니 국내에서 일을 한번 일으켜보자는 생각을 하게 되었습니다. 그래서 여운형 선생의 부인이 국내에 들어와 함태영 등 기독교 지도자들을 만나 항일 시위운동을 꾸몄는데, 그게 바로 3·1혁명의 계기가 된 것입니다. 이처럼 중요한 역할을 여운형 선생과 김규식 선생이 한 겁니다. 당시 일본이 미국에 붙어 있었기 때문에 파리강화회의에서 우리 대표의 입장이 거부되었고 말이 먹힐 리가 없었지만, 마침내 3·1혁명이 시작됐고 이어서 임시정부가 수립된 것입니다.

장동석: 그렇다면 임시정부의 시작은 여운형 선생이 주도했다고 볼 수 있겠군요.

김삼웅: 임시정부 수립을 준비하면서 신규식 선생과 여운형 선생이 중국 상하이 북창로에 사무실을 하나 먼저 얻었습니다. 거기서 임시정부가 태동한 겁니다. 국내에서는 김구 선생 등이 합류했고, 미국에서 안창호 선생이 들어왔습니다. 러시아에서는 이동휘 같은 분들이 합류했고요. 초기 임시정부를 이끌었던 것은 신규식, 여운형, 안창호 선생이었습니다. 김구 선생은 당시 경무국장을 맡았었죠. 그렇게 일을 하다가 여운형 선생은 1932년 윤봉길 의사 의거 직후에 프랑스 경찰에 붙잡히게 됩니다. 당시 상하이는 프랑스 조계였으니까요. 프랑스 경찰에 붙잡힌 선생은 일본군에 인계되어 국내로 압송된 뒤 서대문형무소에 5년 정도 수감됩니다. 풀려난 후에는 〈조선일보〉, 〈동아일보〉와 함께 3대 일간지였던 〈조선중앙일보〉 사장으로 일하게 됩니다.

장동석: 그 무렵 우리가 아는 사건이 터지죠. '일장기 말살 사건' 말입니다.

김삼웅: 네, 그렇습니다. 1936년 베를린 올림픽에서 손기정 선수가 일장기를 달고 마라톤 우승을 했는데, 〈조선중앙일보〉가 보도 사진에서 일장기를 지워버렸습니다. 말씀하신 '일장기 말살 사건'이라고 부르는 그 사건입니다. 그런데 많은 사람들이 〈동아일보〉가 일장기 말살 사건을 주도한 것으로 알고 있는데 그렇지 않습니다. 여운형 선생이 사장으로 있던 〈조선중앙일보〉에서 주도한 것이고, 그래서 폐간된 것입니다. 뒤따랐던 〈동아일보〉는 6개월 뒤에 복간이라도 했지만, 〈조선중앙일보〉는 아예 복간조차 할 수 없었습니다.

일제에 미운털이 단단히 박힌 여운형 선생은 1942년 도쿄를 방문하고 귀국하던 중 조선총독부의 예비검속을 당합니다. 불온분자라는 이유로 말이죠. 다시 서대문형무소에 수감되었다가 해방 직전에 출감한 선생은 감옥에서 구상한 '조선건국동맹'을 조직합니다. 그리고 일본이 패망하면서 선생에게 행정권을 이양하겠다는 제의를 하지요. 조선총독부는 이미 8월 10일부터 일본이 항복할 것이라는 사실을 알고 있었습니다. 그래서 몽양 선생에게 행정권을 이양하겠다고 제의한 것이죠. 선생은 이때 다섯 가지 조건을 내세웁니다.

장동석: 어떤 조건들인가요?

김삼웅: 첫째는 정치범을 석방하라는 것이고, 둘째는 3개월분 식량을 보장하라는 것입니다. 앞에서도 잠시 언급했지만, 당시 식량난은 한계치에 다다랐습니다. 인플레 때문에 굶어 죽는 사람이 속출했고, 초근목피로 연명하는 사람들이 많았습니다. 그래서 11월까지 3개월분의 식량을 확보해달라고 한 것입니다. 당시 일제는 군용미로 엄청난 양의 쌀을 비축해놓고 있었거든요. 셋째는 치안 유지와 건국 활동을 보장하라는 것입니다. 일본군에 의해서 치안이 유지되고 있는 상황이니 스스로 자치할 수 있도록 보장하라고 한 것이죠. 넷째는 청년·학생 조직에 간섭하지 말라는 것이고, 다섯째가 근로자와 농민을 건국 사업에 동원하는 것을 방해하지 말라는 것입니다. 그리고 8월 15일부터 바로 '조선건국준비위원회'를 구성했습니다. 건국준비위원회가 확대되면서 인민위원회가 되었는데요, 북한의 인민위원회와는 다른 겁니다. 인민위원회는 석 달 만에 남한 지역에만 145개 지부가 생길 정도로 빠르게 조직되었습니다. 북쪽은 소련이 점령했기 때문에 설치할 수 없었지요. 1945년 9월 '지금 대통령을 뽑으면 누가 적격이냐'는 여론조사 결과를 보면 여운형 선생이 압도적이었습니다. 2위가 김구, 3위가 이승만이었어요.

장동석: 당시 상황이 이처럼 숨 가쁘게 돌아갔는데, 이승만이 초대 대통령이 된 것 자체가 역사의 아이러니 아닌가요?

김삼웅: 그렇습니다. 당시 국민들은 이승만에 대해 아는 것이 별로 없었어요. 미 군정이 나서서 그렇게 홍보했는데도 인기가 없었지요. 그래서 미국은 다각도로 접근을 했습니다. 알다시피 김구 선생과도 여러 차례 접촉했고, 여운형 선생에게도 이런저런 접촉을 시도했습니다. 기막힌 사연을 한번 들어보세요. 미군이 한반도에 들어온 것이 1945년 9월 8일인데, 열흘 전에 선발대 37명이 먼저 들어왔습니다. 이 사람들이 조선호텔에 여장을 풀었는데, 조선총독부가 이들을 극진히 접대했어요. 이 부분은 대부분 역사에서 가십 정도로만 기록되는데, 이 37명의 선발대에 의해 한반도의 권력 구도가 달라졌다고 봐야 합니다. 당시 일본군 수뇌부의 접대가 얼마만큼 엄청났는지는 입에 담기도 거북합니다. 날마다 기생 파티를 열었다고 합니다. 한편으로는 여운형 선생을 비롯해서 자신들에게 해를 입힐 만한 민족주의자들에 대해 온갖 험담을 늘어놓고 엉터리 정보를 넘겨주었답니다. 조선총독부가 여운형 선생에게 행정권을 이양해놓고 금방 다시 빼앗아간 것도 이런 배경에서입니다. 왜 그랬을까요? 처음에는 미군이 진주할 줄 몰랐던 겁니다. 소련군이 들어올 줄 알았던 거지요. 소련군이 그렇게 물밀듯이 며칠 만에 삼팔선까지 내려오니까 서울까지 소련군이 점령할 줄 알았던 겁니다. 그러면 한때 사회주의 운동에 가담했던 여운형과 같은 패가 아니겠느냐, 이렇게 생각했던 거죠. 그래서 자신들의 보호막을 펴기 위해 여운형에게 맡겼는데 막상 미군이 온다고 하니 안면몰수해버린 겁니다.

장동석: 악의적인 폄하가 있었다고 하는데, 어떤 이야기들이 전해진 것일까요?

김삼웅: 짐작건대 여운형 선생에 대한 악감정이 여과 없이 전달되었을 겁니다. 알고 보면 친일파다, 총독부로부터 돈을 받았다, 그 돈으로 일본을 몇 차례 다녀왔다, 독립운동했다는 것도 다 가짜다, 이런 식으로 온갖 허위 사실을 날조한 거죠. 실제로 수백 통의 날조된 자

료를 미군 측에 제공한 것으로 알려졌습니다. 그랬으니 미군 선발대가 '이놈은 친일파구나' 생각하지 않았겠어요? 조선총독부에서 이런 자료를 만들어줬으니 말입니다. 미군이 이때만큼은 참 순진했어요. 사실 몽양 선생도 이런 사실을 어느 정도는 꿰고 있었던 것 같습니다. 막상 미군 선발대가 들어왔는데 일본군이 차단하고 못 만나게 하니까요. 그래서 취한 조치가 9월 6일 조선인민공화국 선포입니다. 먼저 하지를 만나는 것도 중요하지만, 9월 8일 하지가 들어오기 전에 일종의 기선 제압을 한 것이죠. 좀 서투른 행위 같기도 한데, 어찌 보면 혁명가적인 기질이 드러난 게 아닌가 싶기도 합니다. '너희(미 군정)가 들어온다고는 하지만 우리가 먼저 조선전국인민대표자대회를 열고 조직을 만들면 심하게 간섭하지 못할 거 아니냐' 이런 생각을 했던 겁니다.

여운형 선생은 9월 8일 새벽에 미국에서 유학한 동생 여운홍과 비서 조한용 그리고 미국 브라운대학 출신인 백상규에게 메시지를 들려서 하지가 오고 있는 사령부 함대에 보냈습니다. 처음에는 여운홍이 여운형 선생의 메시지를 가지고 왔다고 했는데 하지가 만나주지 않았어요. 그래서 백상규가 유창한 영어로 조선의 대표적인 애국자인 여운형 선생의 메시지를 가지고 왔다 하니 관심을 보이더라는 겁니다. 영어를 워낙 잘하니까 '당신은 누구냐' 물었고 '브라운대학 출신 백상규'라고 하자 '미개한 조선에 브라운대학 출신이 있느냐'며 몇 분 동안 무전으로 확인까지 했답니다. 하지만 선발대로부터 여운형은 친일파이고 조선 민중들로부터 별로 인기가 없다는 보고를 받은 터라 애초부터 배제했어요. 일본 수뇌부의 농간이 이 정도로 치밀합니다. 결국은 여운형에 대해서는 부정적인 정보, 반면에 조선에 남아서 친일했던 장덕수, 김성수 등에 대해서는 좋은 정보만 넘어간 것입니다. 그렇게 9월 8일 오전 8시, 조선총독부가 보낸 안내선을 따라 하지가 인천항에 도착하면서 미 군정이 시작됩니다.

장동석: 가정할 수는 없지만, 만약 여운형 선생의 일련의 행동과 사

상이 미 군정에 제대로 전달되었다면 다른 결과를 낳을 수도 있었겠다 싶습니다. 어떻게 보는 것이 좋을까요?

김삼웅: 미국이 김구 선생을 배제했지만, 여운형 선생이라도 국가수반이 되었다면 분단과 같은 비극은 없지 않았을까요? 통일정부 수립도 가능했을 것 같고요. 여운형 선생은 미 군정의 허가도 받지 않고 다섯 차례나 방북을 했습니다. 미 군정의 허가 없이는 미 군정 영역을 벗어날 수 없도록 포고령을 내렸는데도 말입니다. 하지만 1946년 초까지만 해도 방북이 비교적 쉬웠어요. 삼팔선으로 갈리긴 했지만 장사꾼도 왔다 갔다 하고 밀사도 왕래했습니다. 그래서 여운형 선생이 다섯 번이나 다녀온 겁니다. 김일성도 만났죠. 미 군정이 이를 알고 호출해서 하지가 권총으로 쏴버리겠다고 윽박지르자 여운형 선생이 탁자를 치면서 이랬답니다. "집주인이 안방으로 가든 윗방으로 가든 객이 웬 시비냐." 참으로 강단 있는 분입니다. 김구 선생은 그렇게까지는 못했어요. '차라리 죽어버리겠다'는 정도였죠. 김구 선생은 모든 일을 합리적으로 풀려고 했지만 여운형 선생은 '너희들이 나를 그렇게 배척한다면 나도 그렇게 대해주마' 이런 식이었습니다. 그러니 미 군정 입장에서는 눈엣가시일 수밖에요. 결국 1947년 7월 19일, 우익 청년 한지근에게 암살되는 비운을 맞이합니다. 한지근이라는 사람은 당시 북한에서 내려온 지 한 달 정도 된 상태였습니다. 재일 통일운동가 정경모 씨가 쓴 기록에 보니 이 사람이 1970년대까지 일본에 생존해 있었습니다. 이름을 바꾸고 일본으로 건너간 것이죠. 한지근의 실체와 배후에 대해서는 아직까지도 알려진 것이 거의 없습니다. 어찌 됐든 이로써 여운형 선생도 완전히 배제되고 결국 이승만이 권력을 차지하게 됩니다.

장동석: 앞에서도 잠깐 말씀드렸지만, 지금까지 많은 사람들이 '여운형은 공산주의자'라고 인식하는 경우가 많습니다. 물론 사회주의에 잠시 몸담기도 했지만, 이런 부분은 일제가 남기고 간 유산 같은

것일까요?

김삼웅: 여운형 선생의 일대기를 보면 철저한 민족주의자임에 틀림없습니다. 스물한 살 때 이미 한국 사람으로서는 처음으로 마르크스의 『공산당 선언』을 번역할 정도로 실력도 출중했죠. 그때가 1919년입니다. 1917년 러시아 볼셰비키 혁명, 이른바 프롤레타리아 혁명은 유럽은 물론 중국과 한국, 일본에까지 큰 영향을 미쳤습니다. 몽양 선생은 중국 등지에서 공부를 많이 한 학구적인 사람입니다. 당시 러시아 혁명 정부는 식민지 해방운동을 지원했습니다. 우리 임시정부에도 돈을 댔지요. 그러니 선생이 항일 독립운동의 수단으로 사회주의에 관심을 가질 수밖에 없었던 것입니다. 그런 분을 『공산당 선언』을 번역했다는 등의 이유로 공산주의자라고 매도한 것이죠. 또 선생은 1922년 1월 러시아 모스크바에서 열린 극동피압박민족대회에 조선 민족 대표로 참석하기도 했습니다. 거기서 조선 독립을 역설한 유창한 연설로 환영을 받았죠. 당시 여운형 선생뿐 아니라 김규식 선생 등 조선 대표 53명이 참석했습니다. 여러 활동에 비추어보건대 여운형 선생을 민족주의자라거나 사회주의자 혹은 공산주의자라는 하나의 이데올로기에 담기에는 어울리지 않습니다. 그릇이 그만큼 크다는 말입니다.

장동석: 일본 정부의 공식적인 초청으로 일본을 방문하기도 했죠?

김삼웅: 1919년 11월입니다. 3·1혁명이 일어나고 임시정부가 수립된 직후 상하이에 머물던 때인데, 신채호 선생 등은 격렬하게 반대했습니다. 이용당할 게 뻔하다는 거죠. 반면에 안창호 선생은 여비까지 지원해주면서 찬성했습니다. 몽양 선생을 믿었던 겁니다. 당시 선생 나이가 30대 초반이었는데 일본의 국방대신, 내무대신, 체신성대신 등을 면담하면서 조선 독립을 주장했습니다. 도쿄 제국호텔 기자회견장에서는 '왜 일본은 조선을 해방시켜야 하는가', '왜 조선은 독

립해야 하는가' 등을 내용으로 불같은 연설을 쏟아놓기도 했습니다. 동경제국대학의 저명한 교수 요시노가 지도하는 '신인회'에서는 환영 대회를 열고 아나키스트 운동 지도자 오스기 사카에의 선창으로 '조선 독립 만세'를 부를 정도였습니다.

일본 내각은 당황했습니다. '왜 정부 책임자도 아닌 사람을 불러 이런 사태를 만들었느냐'는 책임론까지 나왔습니다. 결국 내각이 붕괴되었지요. 조선총독은 조선으로 귀국하면 체포하겠다고 할 정도였습니다. 하지만 애초 중국으로 돌아갈 수 있게 해주겠다는 약속이 있었기 때문에 선생은 무사히 중국으로 갈 수 있었습니다. 호랑이를 잡으려면 호랑이 굴로 들어가야 하는 법입니다. 대부분 호랑이한테 잡아먹힐 것을 두려워해서 엉뚱한 소리로 자기변명만 늘어놓지 않습니까? 박열 선생 등 조선 청년들이 일제 재판정에서 조선 독립에 대한 의견을 치열하게 전개한 경우는 종종 있었지만 공개된 호텔 기자회견장에서 조선 독립의 당위성을 당당하게 주장한 것은 몽양 선생이 처음이자 마지막입니다. 이런 부분이 일본 조야에도 상당히 영향을 준 것 같습니다. 일본이 패망 직전에 얼마나 많은 민족주의자들의 리스트를 들여다보았겠습니까. 결국 몽양에게 행정권을 넘기겠다고 한 것은 이런 행동의 결과로 작용하게 되었을 것입니다.

몽양 선생은 자신이 즐겨 쓰던 말을 휘호로 남겨놓았는데요, 일본에 가서도 공개적인 장소에 '혈농어수'(血濃於水)라는 휘호를 남겼습니다. '피는 물보다 진하다'는 뜻이지요. 이 정도로 배포가 큰 사람이 바로 몽양 여운형 선생입니다.

5 민족의 운명을 바꾼 '신탁통치 오보'

장동석: 화제를 백범 김구 선생으로 옮겨볼까 합니다. 신탁통치를 받아들이느냐 마느냐 하는 와중에 김구 선생의 역할이 굉장히 중요했잖습니까? 평양에 가서 들러리 섰다고 말도 하지만, 민족주의자로서 민족 분열만큼은 막으려는 의지가 상당히 컸다고 봐야겠죠?

김삼웅: 백범 선생에 관해서는 제가 평전도 썼고, 신문사 주필 재직 당시에는 전집 출간도 주관했어요. 또 암살범 안두희에 관한 책도 쓰면서 비교적 많은 자료를 섭렵했다고 할 수 있습니다. 백범 선생은 망명 27년 동안 조국 독립을 위해 싸웠고, 광복 후 귀국해서는 통일 민족국가 건설을 위해 애쓰면서 한 치의 흔들림도 없었습니다. 그러니 외국이 신탁통치를 한다는 건 그분 입장에서는 아닌 밤중에 홍두깨 격으로 받아들일 수 없었던 것입니다.

장동석: 그렇다면 신탁통치안에 대한 배경과 발언들이 어떤 맥락을 가지고 보도되었는지 알아봐야 할 것 같습니다.

김삼웅: 1945년 12월 27일, 모스크바에서 전후 문제 처리를 위한 이른바 '모스크바 3상회의'가 열렸습니다. 미국의 번스 국무장관, 소련의 몰로토프 외무장관, 영국의 베빈 외무장관이 참석했지요. 이때 한반도 문제에 관한 4개 항에 합의를 합니다. 외세끼리 결정했다고는 하지만 내용 중에는 괜찮은 부분도 있습니다.

첫째, 코리아를 독립국가로 재건하고 또한 민주적 원칙에 바탕을 둔 발전을 이룩할 수 있는 여건을 창출하기 위하여, 그리고 장기간의 일본 지배로 인한 참담한 결과를 가능한 속히 제거하기 위하여, 코리아의 산업과 운수 및 농업 그리고 코리아인의 민족문화 발전에

필요한 모든 조치를 취할 코리아 민주임시정부를 수립할 것이다.

둘째, 코리아 임시정부의 구성을 돕기 위하여, 그리고 적절한 방책을 미리 만들기 위하여, 남부코리아의 미군 사령부와 북부코리아의 소련군 사령부의 대표로 구성되는 공동위원회를 설립할 것이다.

셋째, 코리아 민주임시정부와 민주단체들의 참여 아래, 코리아인의 정치·경제·사회적 진보와 민주적인 자치정부의 발전 및 코리아의 민족적 독립의 달성을 위하여 협력·원조(신탁통치)할 수 있는 방책을 작성하는 것이 공동위원회의 임무이다.

넷째, 미·소 사령부 간의 긴급 회담을 2주일 내로 개최한다.

이렇게 네 가지 항목이 제시되었는데, 한국에는 이것과는 전혀 반대로 기사가 보도되었습니다. 12월 27일자 〈동아일보〉 머리기사를 보면 '소련 신탁통치 주장, 미국 즉시 독립 주장'이라는 제목으로 왜곡보도를 했어요. 날짜도 그래요. 모스크바에서 했으니까 하루 먼저인데, 날짜도 같단 말이죠. 이런저런 상황을 보면 누군가의 의도적인 왜곡이었는지 단순 오보였는지 알 수 없지만, 이런 기사가 나옵니다. '소련의 구실은 삼팔선 분할 점령'이라는 큰 제목을 달아 보도했습니다.

"모스크바에서 개최된 3국 외상 회담을 계기로 조선 독립 문제가 표면화하지 않는가 하는 관측이 농후해져가고 있다. 즉, 번스 미 국무장관은 출발 당시에 소련의 신탁통치안에 반대하여 즉시 독립을 주장하도록 훈령을 받았다고 하는데 3국 간에 어떤 협정이 있었는지 없었는지는 불분명하다. 미국의 태도는 카이로선언에 의하여 조선은 국민투표로써 그 정부의 형태를 결정할 것을 약속한 점에 있는데 소련은 남북 양 지역을 일관한 일국 신탁통치를 주장하여 삼팔선에 의한 분할이 계속되는 한 국민투표는 불가능하다고 하고 있다."

합의서를 보면 조선민주주의 임시정부를 수립하고, 미소 양국이 임시정부를 돕기로 하고, 사회단체들도 참여하기로 했습니다. 하지만 〈동아일보〉는 '미국은 반대하고 소련이 오히려 신탁통치를 주장했다'고 보도한 겁니다. 그때는 지금처럼 통신이 자유로운 때가 아니었습니다. 그나마 해방공간에서 역량이 있던 〈동아일보〉에서 이렇게 보도가 되다 보니 김구, 이승만, 박헌영 등 좌우익 인사들이 모두 반탁운동을 전개했습니다. 신문 기사 하나가 한민족 역사의 물꼬를 돌려놓고 민족의 운명을 바꾼 것입니다. 〈동아일보〉에서 왜 이런 보도를 했는지, 혹시 미국의 힘이 작용한 건지, 아니면 열악한 통신 사정에 의한 오보인지 아직까지 밝혀지지 않고 있습니다. 지금도 신문사의 영향력이 막강하다 보니 이런 사정을 알고 있는 학자들도 쉬쉬하며 넘어가는 분위기예요. 역사의 물꼬를 바꾸고 한민족의 운명에 지대한 영향을 준 '신탁통치 오보' 문제는 해방정국에 큰 파문을 일으키게 됩니다.

장동석: 어쩌면 이 문제가 해방정국을 요동치게 한 가장 큰 이슈가 아닐까요?

김삼웅: 해방정국에서 가장 중요한 쟁점은 통일정부 수립과 친일파 청산이었습니다. 그런데 엉뚱하게 찬탁이냐 반탁이냐로 흘러가버렸습니다. 1946년 1월 초 남한의 좌익 세력은 모스크바 3상회의 지지로 돌아섰어요. 김구와 이승만은 반탁 세력으로, 박헌영 등은 찬탁 세력으로 분열되었지요. 이런 과정에서 민족 문제, 친일파 청산 문제, 새 국가 건설 문제 등은 뒷전으로 밀려나버린 거죠. 가장 중요했던 해방공간 1년 동안의 일입니다.

장동석: 막연히 오보라고 보기에는 석연치 않은 구석이 있습니다. 뒤에서 어떤 힘이 작용했다는 생각이 드는데요. 어떤 방식으로든 미국이 작용을 했다면, 이 일 때문에 우리 민족은 가장 귀중한 시간을 허비한 셈입니다. 결국 이후 우리 민족은 여러 환경에 질질 끌려갈

수밖에 없었던 거군요.

김삼웅: 1945년 2월 루스벨트는 식민지 아래 있는 한민족을 강대국 휘하에 두고 자치 능력을 키워서 독립 자격을 갖춘 다음에 독립시킨다는 구상을 스탈린에게 통보했습니다. 그러니 해방전에 이미 미국은 한반도의 신탁통치를 구상하고 있었다고 봐야죠. 그런데도 국내 보도는 거꾸로 돼버리면서 한민족이 분열하는 계기가 되고 말았습니다. 다시 한 번 강조하지만, 당시 국민들의 관심은 독립국가 건설과 친일파 청산을 어떻게 할 것인가였는데도 말이죠.

장동석: 어떻게 보면 고도의 전략을 통해서 미국이 여론의 흐름을 다른 곳으로 몰아간 것은 아닌가 싶기도 한데요.

김삼웅: 그럴 가능성도 있죠. 미국의 정보력이나 선전 능력으로 봐서는 능히 그런 역할을 할 수도 있었습니다. 아쉽게도 지금까지 '그럴 수도 있다' 정도의 가설만 있는 상태입니다.

장동석: 앞에서도 지적하셨지만, 이 부분은 현대사 연구자들이나 언론학자들이 꼭 짚고 넘어가야 할 부분으로 보입니다.

김삼웅: 물론입니다.

장동석: 다시 화제를 김구 선생으로 가보죠. 김구 선생 암살에 관한 이야기는 책 한 권으로도 모자랄 것 같은데요. 솔직히 이야기하면 아직도 가설이 지배하지 않습니까? 언젠가부터 정설로 받아들여지고 있지만, 이승만에게 세가 몰리는 과정에서 있었던 아주 안타까운 일이라고 봅니다.

김삼웅: 만약 김구 선생이 암살당하지 않고, 또 미 군정과 협력했더

라면, 아니 협력이라기보다는 미 군정이 우리 독립운동 지도자들의 활동 기회를 봉쇄하지만 않았다면 당연히 해방정국의 대표가 됐을 겁니다. 다시 곁길로 가는 것 같지만, 1946년 6월 6일 이승만의 정읍 발언을 이야기하지 않을 수 없습니다. 핵심만 말하자면 남한에 분단 정권을 세워서 이걸 바탕으로 통일하겠다는 건데요, 이 발언이 해방 정국에서 통일과 분단을 가늠하는 분수령입니다. 2차 미소공동위원회가 결렬되면서 미 군정과 이승만 추종 세력은 확고하게 분단 쪽으로 갑니다. 반면 김구, 김규식, 여운형, 조소앙 등 통일정부 수립론자들은 이 상황을 돌파하기 위해 좌우합작 운동을 시작합니다. 뜻대로 되지는 않았지만 말입니다. 결국 1948년 한반도 문제가 UN으로 이관되었는데, UN은 남한 내 단독정부와 국회를 구성해 정부를 수립한다는 원칙을 제시합니다. 당시 UN은 미국의 영향권에 있었으니 당연한 결과지요.

장동석: 이 과정에서 김규식 선생이 김일성에게 몇 가지 제안을 하지 않았습니까?

김삼웅: 1948년 4월인데요, 임시정부 부주석이었던 김규식 선생이 김일성에게 5개 항의 원칙을 제안했어요. 첫째, 남북한에 진정한 민주국가를 건설한다. 둘째, 사유재산제도를 승인한다. 셋째, 통일중앙정부를 수립한다. 넷째, 외국군에 군사 기지를 제공하지 않는다. 다섯째, 미소 양군은 철수한다.

김규식 선생의 제안을 김일성도 처음에는 받아들였습니다. 그래서 김구 선생과 김규식 선생이 평양에 가게 된 것이죠. 4월 19일부터 26일까지 평양에서 '남북조선 제 정당사회단체 대표자 연석회의'와 15인 요인 회담이 열렸는데, 남쪽에서는 김구·김규식·조소앙·조완구·홍명희·엄항섭 등 민족주의 독립운동가 대부분이 참석했고, 북한에서는 김일성·김두봉·최용건·박헌영·허헌·백남운 등 사회주의 계열 민족주의자들이 대거 참석했습니다. 이승만 세력은 참석하지 않았습니다. 해방 이후 처음이자 마지막으로 남북한의 좌우익·중도계 인사들이 한자리에 모인 것이 이 회의입니다. 이와는 별도로 한글학자이자 독립운동가인 김두봉 집에서 김구, 김규식, 김일성, 김두봉 등 4김 회담이 열렸습니다. 4김 회담에서는 김규식이 김일성에게 보낸 5개 항을 축소 심의해서 4월 30일 4개 항의 공동 성명서를 채택했습니다. 상당히 중요한 내용입니다.

첫째, 조선에서 외국군이 철수하는 것은 우리 문제 해결의 유일 방안이다. 둘째, 외국군이 철수해도 내전은 일어날 수 없으며 반통일적인 무질서도 허용되지 않음을 확인한다. 당시 미소 양군이 철수하면 내전이 일어난다는 분위기가 팽배했습니다. 셋째, 여러 정당과 사회단체는 국민을 대표하는 민주주의 임시정부를 수립할 것이며, 이 정부는 비밀투표로 통일적인 입법기관을 설치한다. 통일정부 수립에 상당히 근접했던 것이죠. 넷째, 남조선의 단선단정을 반대하며 이를 지지하지 않는다. 남북한 공히 단선단정을 반대하고 지지하지 않는다는 것을 4김 회담에서 공식적으로 합의한 것입니다. 그런데 이승만과 미 군정, 소련군 사령부가 여기에 동의하지 않았습니다. 이것이 결정적인 한계였습니다.

장동석: 김구 선생도 김일성에게 어떤 제안을 하지 않았던가요?

김삼웅: 4김 회담에서 4개 항에 합의한 후 김구 선생은 별도로 김일성에게 네 가지 제안을 합니다. 첫째, 남북한을 통하여 어떠한 형태의 단독정부도 불가하다. 한 번 더 못을 박은 거죠. 둘째, 연백수리조합 개방과 수풍발전소 송전을 허용하라. 그때는 연백평야에 있는 저수지에서 경기도 북부 지역에 물을 내려줘야 농사가 가능했는데, 삼팔선이 생기면서 연백저수지의 물을 막아버렸던 것입니다. 단전도 그래요. 지금은 남한의 전기가 풍족해서 북한을 도와줄 수 있는 역량이 되지만 당시에는 압록강 수풍발전소에서 생산한 전력을 북한에서 먼저 쓰고 남는 것을 남한으로 보내줬습니다. 역시 삼팔선이 생기면서

단전을 했던 것이죠. 김구 선생이 이걸 합의안에 넣은 겁니다. 셋째, 중국 여순에 있는 안중근 의사의 유해를 모셔오도록 조치해달라.

여기서 잠깐 이야기를 돌려보겠습니다. 김구 선생은 1946년 초부터 독립운동가 박열, 이강훈 선생을 통해 일본에서 처형당한 윤봉길, 이봉창, 백정기 의사 등의 유해를 찾기 위해 애를 썼습니다. 이분들의 유해는 일본군이 비밀리에 매장했는데, 결국에는 찾아내어 효창원에 모셨습니다. 이때 안중근 의사의 허묘를 3의사와 나란히 모셨는데, 안중근 의사의 유해가 여순에 묻혔다는 것이 알려진 터라 김일성에게 그런 부탁을 한 것이죠. 당시 여순은 소련군의 점령지였습니다. 러일전쟁 때 소련군이 점령했다가 중일전쟁 당시 일본군이 점령했는데, 제2차 세계대전 종전 직전 포츠담선언에 근거해서 소련에 돌려주게 된 것이죠. 김일성은 소련의 허락을 받아야 한다면서 대답을 회피했어요. 그러니까 김구 선생 등이 그것 하나 설득 못하냐며 압박했지요. 넷째, 소련군에 억류된 조만식 선생을 석방하라. 당시 북쪽에서는 조만식 선생이 대단한 존경을 받고 있었어요. 끝까지 변절하지 않고 우리 민족 독립을 위해서 애쓰셨던 분인데 소련군이 억류하고 있었습니다. 그 이전에 여운형 선생이 조만식 선생에게 비밀리에 사람을 보내 건국준비위원회 북측 대표를 맡겼다는 설이 있어요. 그만큼 조만식 선생은 민족주의자로서 국민의 신망을 받고 있었지요. 그런 분을 소련이 억류하니 안타까웠던 것이죠. 하지만 모든 일이 수포로 돌아가고, 김구·김규식·조소앙 선생 등은 서울로 돌아오고, 홍명희·이극로 선생 등은 북에 남게 되었습니다. 김구 선생 일행이 평양에 다녀온 직후인 5월 10일 남한에서 제헌의원 선거가 실시되고 198명이 당선되면서 헌정의 기초를 세웁니다.

다시 김구 선생 이야기를 해보죠. 1949년 6월 26일 북한에서 내려온 안두희 육군 소위에게 암살을 당합니다. 백범 선생 암살 관련 자료를 찾다 보니까 안두희는 테러 집단인 서북청년단 핵심 요원이었어요. 당시 서북청년단은 남쪽에서 테러 활동의 중심 역할을 했습니다. 1948년 4·3 제주항쟁 때는 군경보다 더 앞장서서 도민들을 학살했어요. 그때 88구락부라는 것이 있었습니다. 대부분 친일파 출신으로 이승만의 핵심 측근들이었죠. 이 사람들이 비밀회의를 거듭해서 암살 적임자를 선발했는데, 그게 바로 안두희입니다. 안두희는 우리 육군에 입대하기 전에 미군방첩대(CIC)의 정보원이자 요원으로 활동했어요. 이런 복잡한 인맥을 가진 안두희를 택한 데에는 이유가 있습니다. 안두희의 아버지가 북한 출신인데, 아주 악질적인 친일파로 못된 짓을 많이 해서 재산을 크게 불렸어요.

장동석: 단지 아버지가 친일파에 부자라는 이유만으로 안두희가 백범 선생 암살의 적임자가 될 수는 없지 않습니까?

김삼웅: 그렇죠. 안두희는 어려서 어머니가 돌아가신 뒤 계모 슬하에서 자랐는데, 이른 나이에 유곽을 출입하고, 일본에 유학 가서도 공부는 안 하고 허랑방탕하게 지냈어요. 친일파 아버지가 학병에 지원하라고 하니까 중국으로 도망가서는 기생과 동거 생활을 했지요. 안두희 아버지는 일본군에 군납을 해서 돈을 엄청나게 벌었지만 해방이 되자 소련군에 재산을 모두 압류당했어요. 결국 아버지는 고향으로 숨고 안두희는 남한으로 내려와 서북청년단에 입단해서 첩보 활동과 빨갱이 색출에 수완을 발휘하면서 미 군정이 뒷배를 봐주던 조병옥 경무국장과 장택상 수도청장의 눈에 띄게 됩니다.

장동석: 안두희가 CIC 요원이 된 데에는 여러 사람들의 도움이 있지 않았겠습니까?

김삼웅: 여러 가지 설이 있습니다. 장택상이나 조병옥이 추천했을 거라는 설도 있고, 미국 정보망이 워낙 뛰어난지라 그 분야에서 두각을 나타낸 안두희를 CIC 대원들이 직접 발탁했다는 설도 있어요. 나중에 안두희는 이런 얘기를 했습니다. "미군의 접촉이 여러 차례 있었는데, 백범 김구가 블랙리스트에 올라 있었다. 그때부터 김구는 이

승만 선생을 반대하는 인물이라고 생각했다." 어쩌면 안두희는 양가적 감정을 가졌던 것 같아요. 계모에게 학대받고 아버지에게도 정을 느끼지 못하면서 일종의 콤플렉스를 갖게 된 거죠. 한편으로는 자기를 키워주고 유학까지 보내준 아버지의 재산을 다 빼앗아간 공산당에 대한 앙심이 있었습니다. 미국 정보원들은 블랙리스트에 오른 김구를 '블랙 타이거'라는 별명으로 부르곤 했는데, 이런 말도 들었을 겁니다. "이승만은 반공주의자로 아주 선한 사람이지만 김구는 극렬한 용공주의자다." 그러니 아무 죄책감 없이 백범 선생을 암살했던 것이죠. 그런데 88구락부는 왜 하필이면 이런 사람을 선택했을까. 군인이었기 때문에 가능하지 않았을까요. 곧바로 신변을 확보하고 보호할 수 있으니까요. 민간인 같으면 뒷수습이 곤란하죠. 오죽하면 이승만의 최측근 김창룡이 한국전쟁이 일어나자 도망가면서 안두희만큼은 데리고 갔겠습니까.

장동석: 어쨌든 백범 선생이 암살되고 나서 이제 통일정부 수립론은 좌초된 것이라고 봐야겠군요.

김삼웅: 그렇습니다. 백범 선생에 대해 더 말씀드리자면 1948년 2월 10일 발표한 「3천만 동포에게 읍고함」이라는 유명한 성명서가 있습니다. "나는 통일된 조국을 건설하려다가 삼팔선을 베고 쓰러질지언정 일신에 구차한 안일을 취하여 단독정부를 세우는 데는 협력하지 아니하겠다"고 했지요. 백범 선생은 또 「나의 소원」이라는 글에서 "나는 우리나라가 앞으로 군사대국이 되는 것보다 문화대국이 되기를 기원한다"고 말했습니다. 사실 우리 민족은 문화적 소양이 아주 높습니다. 별다른 자원이 없는데도 짧은 기간에 경제성장을 이룩할 수 있었던 것은 문화적 소양이 높았기 때문이죠. 최근 한류는 이런 것에 기인하는 것입니다. 요즘 유능한 연예인들의 활동을 보면 백범 선생의 문화국가 건설론이 대단히 선구적이고 선각자적인 부분이 있어요. 당시 이승만은 물론이고 여타 지도자들은 권력을 잡기 위

해 동분서주했지만, 백범 선생은 귀국하자마자 일제와 싸우다 희생된 의병대장, 독립운동가들의 유가족을 찾아다녔어요. 1946년에는 충남 예산의 윤봉길 의사 묘를 참배하고 부인에게 큰절을 올리기도 했지요. 칠십이 넘은 고령에 말입니다. 백범 선생이 유가족들을 찾아다니며 늘 했던 말이 '우리만 살아 돌아와서 미안하다'는 거였어요.

장동석: 백범 선생은 문화적 소양은 물론 사람으로서의 도리를 아는 분이었군요.

김삼웅: 친일파들이 이승만에게만 돈을 가져갔겠습니까? 김구 선생에게도 가져갔어요. 반민특위의 체포 대상 제1호였던 박흥식이 돈보따리를 들고 경교장을 찾아왔는데 문전박대했어요. 당시 비서가 장준하 선생입니다. 그 기록이 선명하게 남아 있어요. 장준하 선생의 동향 친구가 당시 이승만의 비서였습니다. 서로 상황을 잘 알고 있었지요. 이승만은 돈을 가지고 오는 사람이면 누구라도 '어서 오시라'면서 반겼어요. 하지만 백범 선생은 민족을 배반하고 동족의 피를 빨아 챙긴 돈은 받을 수 없다며 물리쳤죠. 하지와 이승만이 나중에는 손을 잡았지만, 처음에는 하지가 이승만을 부도덕한 인간으로 취급했어요. 하지 자서전에 이런 이야기가 나옵니다. "이승만은 한국에 돌아온 직후부터 일부 재산이 많은 부유층의 영향을 받는 몸이 되었다. 그들은 일제 치하에서 돈을 벌었던 사람들로 친일파라는 비난을 받았다." 한국 현대사 연구에 관한 가장 탁월한 저서 중의 하나로 꼽히는 『한국현대사』를 쓴 브루스 커밍스는 한 인터뷰에서 이렇게 말했어요. "이승만은 그들의 기부금을 받는 대가로 장차 민족주의 정권이나 공산 정권이 들어설 경우 일제에 협력했다는 죄로 재산을 잃게 될지도 모를 그런 계층의 사람들을 보호해주지 않을 수 없었던 것이다. 이승만은 그 후 얼마 지나지 않아 부유한 계층의 집단인 한민당과 그들의 산하에 있던 경찰까지도 자기 수하에 두게 되었다. 이승만이 한 일은 1927년 장제스가 상하이의 은행가 집안과 정략결혼한

것과 비슷한 성질의 것이었다."

장동석: 이승만은 정치력 확대를 위해 돈에 집착한 것일까요?

김삼웅: 제가 『심산 김창숙 평전』도 썼지만, 심산 선생은 임시정부 시절 박용만, 신채호 선생 등과 함께 이승만을 탄핵했던 분입니다. 사연이야 어떻든 해방이 되고 이승만이 귀국하자 인사차 찾아갔는데, 이승만은 안부도 묻기 전에 유림 계열은 돈이 많으니 앞으로 정치를 하려면 돈을 준비하라고 했답니다. 이 일로 심산 선생은 이승만과는 상종할 수 없다면서 더 멀어졌죠. 평생 '유교적 대의'를 지키며 한길로만 매진했던 분인데 오죽했겠습니까. 이 정도로 이승만은 해방공간에서 돈을 많이 챙겼어요.

6 제헌헌법 초안은 내각책임제였다

장동석: 해방 이후 정부 수립과 관련한 자료를 보니 1948년 6월 유진오 박사가 입안한 헌법 초안은 내각책임제였는데, 본회의 상정 직전 내각책임제에서 대통령중심제로 수정되었더군요.

김삼웅: 당시 정세는 아주 복잡미묘했습니다. 임시정부 요인들도 그렇고 국내에 있는 사람들도 대부분이 내각책임제를 선호하는 입장이었어요. 한 사람에게 지나치게 권력이 집중되면 상황이 더 어려워질 수 있다고 본 것이죠.

장동석: 김구 선생도 그런 생각을 가지고 계셨나요?

김삼웅: 아마도 그렇게 생각하셨을 겁니다. 1940년대 임시정부는 전시 내각이니 주석 중심으로 운영될 수밖에 없지만 해방공간에서는 내각책임제로 권력을 분산하는 게 맞다고 본 것이죠. 헌법 초안에는 내각제였는데, 이승만이 대통령제를 주장함에 따라 간선 대통령제(임기 4년, 1회 중임 가능)를 채택한 제헌헌법이 완성되어 7월 17일 공포되었습니다.

여운형 선생은 돌아가셨고, 김구 선생과 김규식 선생은 단독정부에는 참여하지 않겠다고 선언한 상태다 보니 거의 유일하게 남은 게 이승만입니다. 이승만이 대통령이 된다는 것은 사실상 공개된 비밀이나 다름없었어요. 그런데 이승만이 대통령중심제가 아니면 안 하겠다고 버틴 겁니다. 이승만의 권력 야욕이 확실하게 드러난 거죠.

상하이 임시정부 수립 당시 이승만이 국무총리에 선임되었는데, 1년 6개월이 지나도록 오지 않았습니다. 중국은 위험하니까 미국에 눌러앉아 있는 게 좋다고 판단한 거죠. 그러면서도 명함에는 임시정부 '프레지던트'라고 직위를 명시했어요. 미국에만 있다 보니 대통령이 제일 높은 지위로 보였을 겁니다. 그래서 시정을 요청했지만 듣지 않자 임시정부 의정원이 할 수 없이 대통령으로 호칭을 바꾼 겁니다. 이런 것만 봐도 이승만의 권력에 대한 고집과 집착은 남다른 데가 있어요. 한마디로 권력지향적인 거죠. 그래서 우리 제헌헌법이 이승만을 위한 대통령중심제로 하루아침에 바뀐 겁니다. 우리 헌정사가 불안한 이유는 시작부터 첫 단추를 제대로 꿰지 못한 데 있습니다. 한 사람의 야욕에 의해서 국가의 기본인 헌법이 애초부터 망가졌으니까요. 국가의 최고 법규인 헌법이 한낱 개인의 야욕이나 권력 욕망, 장기 집권의 장식품이 되면서 지금까지 이어지고 있다고 봐야 합니다.

장동석: 앞서 한민당에 대해 잠시 말씀하셨지만, 이 과정에서 한민당의 영향력이 상당히 많이 작용한 것은 사실이죠?

김삼웅: 김성수를 비롯한 한민당 사람들은 원래 지주계급 출신이잖습니까. 지주계급 출신들은 자신들의 친일 행적 때문에 처음에는 임시정부를 봉대한다고 했습니다. 여운형 선생이 건국준비위원회를 만들 때 참여하라고 하자 임시정부를 봉대한다면서 한발 뒤로 뺐지요. 처음에는 그럴 생각도 있었을 겁니다. 그런데 얼마 지나고 보니 임시정부는 개인 자격으로 들어왔고, 미 군정이 권력의 실세가 되었어요. 미 군정이 이승만의 뒷배를 봐주는 것 같으니까 그때부터 미 군정에 이어 이승만을 도와서 제헌국회에도 참여하게 됩니다. 미 군정 산하 입법기관으로 민주의원[5]이라는 게 있었습니다. 민주의원에도 이승만 세력이 많이 참여했죠. 미 군정장관이 임명하는 사람들이었으니 당연할 수밖에요. 앞서 말한 미군 선발대에 일본군이 제공한 거짓 정보 때문에 국내외의 독립운동가들은 소외되고, 오히려 친일파들이 민족주의자로 분장을 해서 다수가 민주의원에 들어간 것이죠. 그리고 제헌의원에도 김구 선

5) 1946년 2월 14일 미 군정이 주도하여 정부 수립에 앞서 구성한 의회. 제헌국회가 설립된 1948년 5월에 해산되었다.

생 등 민족주의 세력이 참여하지 않았으니 당연히 한민당 세력이 제헌국회의 중심이 된 겁니다.

장동석: 하지만 한민당은 이승만과는 달리 내각책임제를 선호했습니다. 이 상황은 어떻게 전개된 것인가요?

김삼웅: 한민당이 내각제를 추구했던 이유 중 하나는 이승만을 얕잡아봤기 때문입니다. 이승만이 국내 정세도 모르고 세력도 없고 하니 대통령으로 뽑고 김성수가 국무총리가 되어 실권을 장악한다는 계획이 있었던 거죠. 대통령을 국회에서 뽑기 때문에 김성수 세력으로서는 자신만만했던 겁니다. 사실 이승만은 30여 년을 해외에서 망명 생활을 했기 때문에 국내에 변변한 인맥과 조직이 없었어요. 그런데 한민당은 토지, 돈, 신문사까지 있는 겁니다. 각종 정보까지 독차지한 상황이었던 거죠. 미 군정에 들어가 있는 사람들 상당수가 친일 전력자이기에 한민당은 그들까지 장악할 수 있다고 생각한 것이죠. 그걸 이승만이 꿰뚫어본 겁니다. 그래서 이승만은 김성수를 국무총리로 지명했다가는 뻔히 자기가 허수아비가 된다는 걸 알기 때문에 임시정부의 이론가인 조소앙 선생을 국무총리로 앉히려고 했던 것이죠. 여론도 있고, 건국 강령 등을 전부 조소앙 선생이 만들었습니다. 하지만 조소앙 선생도 만만치 않은 분이죠. 워낙 이론이 강하고 민족주의가 투철한 분이셨으니까요. 그래서 광복군 출신 이범석을 국무총리에 앉히고 국방부 장관까지 겸직시켰어요. 한민당으로서는 시쳇말로 죽 쒀서 뭐 좋은 일 시킨 꼴이 되고 만 거죠. 자기들이 실권을 장악하려고 했는데 내각제도 성사되지 않고 국무총리 자리마저 빼앗겼으니 말입니다. 장관급 인사에서도 한민당 계열은 핵심에서 제외되고, 시시한 자리만 차지했어요.

장동석: 한민당으로서는 뿔이 날 수밖에 없는 상황이로군요.

김삼웅: 이승만과 한민당은 어차피 오래갈 수 있는 관계가 아니었습니다. 이 과정에서 주목할 대목이 있는데, 이승만이 대단한 혁명가는 아니지만 정치가로서는 노회한 면이 있어요. 조봉암 선생을 농림부 장관에 임명한 겁니다. 당시 국민의 80퍼센트 이상이 농민인 것을 감안하면 상당한 정치력이죠. 죽산 조봉암 선생은 독립운동가이면서 조선공산당 창립 멤버이기도 합니다. 해방 후 전향해서 반공주의자가 되었고, 제헌국회에 참여해서 국회 부의장까지 지냈습니다. 제가 『죽산 조봉암 평전』을 쓸 때 자료를 살펴보니, 독립운동을 얼마나 치열하게 했는지 모릅니다. 신의주 감옥에서 8년을 옥살이했는데, 그때 손가락 여덟 개가 동상에 걸렸어요. 당시 신의주 감옥은 춥고 험하기로 유명했습니다. 그래서 많은 독립운동가들이 이곳에 수감되어 고문을 받았죠.

이승만이 조봉암 선생을 농림부 장관에 임명한 것은 두 가지 배경이 있어요. 하나는 한민당을 견제하기 위해서였죠. 자기 손에는 피한 방울 안 묻히고 조봉암을 통해 지주계급이 중심인 한민당 사람들의 토지를 몰수하려고 한 거죠. 한민당을 제지하기 위해 조선공산당 출신의 조봉암에게 칼을 들게 한 겁니다. 이른바 이이제이(以夷制夷) 수법입니다. 또 하나는 미국의 입김입니다. 비록 분단 정권 수립에는 이승만을 지원했지만, 초대 내각의 면면을 보니 모두 보수 세력이거든요. 이렇게 되면 UN 감시 아래 남한 총선거를 실시한 터라 국제사회의 여론이 무척 신경 쓰였을 겁니다. 이런 여론을 감안해서 미국이 사회주의 계열인 죽산을 농림부 장관으로 추천했다는 설이 있어요. 미국으로서는 이승만과 조봉암을 다 써먹은 셈입니다.

장동석: 조봉암 선생의 토지개혁은 당시로서는 상상하기 힘들 정도로 강도가 높았죠?

김삼웅: 북한은 무상몰수 무상분배를 원칙으로 했습니다. 거기에 비하면 남한은 미 군정이 거부하여 정부 수립 후에야 뒤늦게, 그것

도 다소 모자란 측면이 있습니다. 유상몰수 유상분배를 했으니까요. 문제는 시기예요. 해방 후 3년이 지난 1948년 후반부터 농지개혁을 했는데, 그사이 지주들은 이런저런 편법으로 땅을 다 팔아넘긴 상태였어요. 차명으로 넘겨줬지만 실소유주는 그대로였죠. 한민당의 완강한 저항에도 그나마 토지개혁을 해낸 건 모두 조봉암 선생의 공입니다.

6·25전쟁 때 북한의 전략가들은 인민군이 내려가면 남한 농민들이 모두 환영할 것이라고 예상했어요. 당시 미군이 모두 철수한 상태였기 때문에 김일성은 삼팔선만 돌파하면 남한 점령은 식은 죽 먹기라고 생각했겠죠. 하지만 그들의 기대와는 달랐어요. 비록 손바닥만 한 땅뙈기였지만 농민들이 토지를 유상분배라도 받았기 때문에 인민군에게 오히려 저항했던 것입니다. 더러는 강압에 의해 지지도 했지만 다수는 인민군을 지원하지 않았어요. 조봉암 선생이 한민당의 견제를 받으면서도 토지개혁을 하지 않았다면 아마도 인민군을 환대할 수도 있었던 상황이라는 것입니다.

토지개혁 이후 조봉암 선생의 인기가 대통령보다 좋았어요. 국민들이 조봉암 선생의 손가락 마디가 없는 손을 붙잡고 '대통령 하셔야 한다'는 말을 했다는 정보를 보고받고 이승만의 심사가 얼마나 뒤틀렸겠어요. 그래서 한 1년 만에 쫓아내버리고 감찰기관을 동원해서 뒷조사까지 한 겁니다. 그런데 막상 뒤져보니 아무런 흠이 없었어요. 조봉암 선생이 장관 할 때 국제회의차 외국에 다녀오는 사이에 누가 미군이 쓰던 냉장고를 하나 갖다주었는데, 그거밖에 없었어요. 그걸 감찰기관이 흘렸고, 보수 신문이 대서특필했어요.

장동석: 냉장고가 뭔지도 모르는 시대였으니 그럴 만도 하겠습니다.

김삼웅: 여담입니다만, 4·19혁명 당시 시민들이 이기붕의 집에 쳐들어갔을 때 분노한 게 뭡니까. 그때가 4월인데 수박이 나온 거예요. 경무대야 말할 것도 없겠죠. 그때는 수박이 나왔는데 지금 권력자들

의 집에서는 뭐가 나올까요?

장동석: 진귀한 뭔가가 나오겠지요. 사실 이승만이 한민당을 비롯한 친일파를 등에 업을 수밖에 없었던 배경이 드러났는데요. 출신 배경도 그렇지만 기반이 없는 상황에서 통째로 들어먹기 위해 친일파를 수용한 것 아니겠습니까? 그런데 이것이 순간의 선택이었을까요? 어쩌면 오랜 계획에서 나온 것이 아닐까요?

김삼웅: 이승만으로서는 기반이 없으니 그들을 등에 업을 수밖에 없었죠. 친일파들은 일제가 항복하자 하늘이 무너진 것 같은 불안과 공포를 느꼈을 겁니다. 젊은 층은 대부분이 군대나 경찰에 입대해서 자기 전과를 숨겼어요. 이승만에게 줄을 선 사람들을 한번 보세요. 정권을 잡기 전부터 돈과 정보를 갖다주고, 라이벌을 죽여주기까지 했죠. 이승만 주변에는 일제 치하에서 관리나 법관, 경찰을 했던 사람들이 대부분이었어요. 이승만은 세력을 확장할 수 있었고, 친일파들은 자기 구명을 할 수 있으니 절묘하게 궁합이 맞은 거죠.

장동석: 바로 그런 이유 때문에 1948년 9월 7일 반민족행위특별조사위원회(반민특위)가 구성된 것 아닙니까?

김삼웅: 1948년 대한민국 헌법을 제정하면서 제101조에 민족반역자, 친일파들을 처벌할 수 있는 특별법을 제정한다는 조항을 만들었습니다. 특별법이 제정되고 중경 임시정부 국무위원을 지낸 김상덕 선생이 반민특위 위원장을 맡았지요. 조사를 해보니 언론인이나 문인들도 문제였지만, 일본 경찰 노릇 하면서 독립운동가들을 고문하고 학살한 사람들이 가장 악독했어요. 그런데 대표적인 친일 경찰 노덕술 등은 이미 이승만 정권에서 경찰의 핵심 간부였거든요. 반민특위에서 이승만 대통령에게 정부 내 친일파들을 넘기라고 하자, 처음에는 이승만도 고민했어요. 넘기자니 자기 수족이 잘리는 거고, 안 넘기자니 법을 위반하는 것이니까요. 그 무렵 친일파들은 엄청난 공작을 꾸몄어요. 친일파들이 만든 〈대동신문〉은 '반민특위는 빨갱이다, 북한 정권의 앞잡이다' 이런 기사를 하루도 빼지 않고 실었어요. 삐라도 뿌리고, 반민특위 요인들을 암살하기 위해 암살단을 조직하기도 했지요. 반민특위 위원장인 김상덕 선생이 첫 번째 대상이었습니다. 하지만 반민특위 암살단 요원들을 접촉했던 백의사 소속 테러리스트 백민태가 신고를 하면서 테러가 좌절되었죠. 아무리 테러리스트라지만 자신이 존경하는 김상덕 선생을 해칠 수는 없었던 거죠. 그렇게 해서 반민특위 요인 암살은 실패했습니다. 그런데 이승만이 본격적으로 반민특위 활동을 저지하는 데 나선 겁니다. 더는 자기 수하들을 구속되게 놔둘 수 없다고 버틴 거죠. 이승만은 신익희 국회의장과 김상덕 반민특위 위원장을 경무대로 불러서 새 국가 건설에 반공 경찰, 검찰, 군 수뇌부가 필요하니 이러저러한 사람들은 눈감아달라고 요구했습니다. 하지만 신익희 국회의장과 김상덕 반민특위 위

원장은 독립운동가들을 탄압한 악질적인 민족반역자라면서 거부했어요. 심지어 이승만은 심야에 김상덕 위원장 관사로 찾아가 입각시켜 줄 테니 노덕술을 풀어달라고까지 말했답니다.

장동석: 이승만이 필사적으로 친일파들을 감싸고돌았군요.

김삼웅: 마지막에는 만행을 저지릅니다. 1949년 6월 6일 이승만의 지령을 받은 국립경찰이 반민특위 사무실을 습격해서 경호요원들에게 총을 겨누고 각종 자료를 빼앗아간 거죠. 나용균 국회 내무위원장 등이 경무대로 가서 어떻게 이럴 수 있느냐며 책임자를 처벌하라고 요구하자, 이승만은 당당히 자기가 지시했다고 말합니다. 기록에 다 나와 있습니다.

해방 후 우리나라에서 정신사적으로 가장 큰 사건을 꼽으라고 하면 저는 반민특위 습격 사건을 들겠습니다. 이로써 애국자 대 친일파, 민족주의자 대 사대주의자, 통일 세력 대 분단 세력, 양심 세력 대 기회주의 세력의 대결에서 민족 세력이 패배하고 반민족 세력이 판치게 됩니다. 제2차 세계대전 이후 민족을 배반했던 자들을 단 한 명도 처단하지 못한 나라는 우리나라가 유일합니다. 이후 친일파가 득세하면서 국권을 농락하고, 결과적으로는 일본 군인 출신들이 쿠데타를 일으키는 비극의 씨앗을 낳게 된 것입니다.

장동석: 반민특위 습격과 해체가 친일파가 날뛰는 세상을 만들었다는 말씀에 깊이 공감합니다. 그런 점에서 정신사적으로 큰 의미를 갖는다는 말씀도 그렇고요.

김삼웅: 단재 신채호 선생은 묘청의 좌절을 '조선 역사상 1,000년래 제1대 사건'이라고 높이 평가했습니다. 그 1,000년 사이에 고려 건국과 멸망, 조선 건국, 임진왜란, 병자호란, 조선 멸망 등 엄청난 일이 얼마나 많았습니까. 그런데도 단재 선생은 묘청의 서경 천도 운동

을 가장 큰 사건으로 봤습니다. 민족사학자로서 단재 선생은 국풍파 대 사대당, 민족주의 대 외세주의, 자주독립 대 사대주의 등 몇 가지 틀을 가지고 역사를 보았는데, 민족 세력이 패배하면서 고려 말, 조선조 500년 동안 사대주의 세력이 권력의 중심이 되었다고 봤습니다. 그 연장선상에서 저는 이런 의견을 덧붙이고 싶습니다. 1949년 6월 6일 이승만에 의해 반민특위가 강제로 짓밟히면서 친일파를 청산하지 못한 것은 '대한민국 정부 수립 70년사의 제1대 사건'이라고요. 그래서 친일 세력이 다시 득세하게 된 것이니까요.

장동석: 오늘 우리 사회가 혼란의 악순환을 반복하는 것은 현 정권의 무능과 부정도 있지만 더 근원적인 문제를 해결하지 못한 역사에 있다는 말씀으로 들립니다. '역사에서 배우지 못한 민족은 멸망한다'는 말이 떠오르는데요. 그런데 반민특위 해체와 더불어 한국 현대사를 바꾼 사건이 하나 더 있다고 언젠가 말씀하셨지요. 국회 프락치 사건 말입니다.

김삼웅: 국회 프락치 사건도 현대사의 물꼬를 바꾼 중요한 사건입니다. 사실 '국회 프락치 사건'이라는 표현은 잘못된 용어입니다. 1949년 5월 이승만 정부는 남로당 프락치들이 제헌국회에 침투하여 첩보 공작을 했다는 이유로 김약수 등 13명의 국회의원을 체포합니다. 김약수 선생은 당시 국회 부의장이었고 독립운동가 출신입니다. 함께 구속된 노일환 등은 대부분 진보적 소장파 의원들로 외국군 철수, 남북 정치회의 개최, 반민법 제정 등에 앞장섰던 사람들입니다. 우리 현대사에서 공안정국이 등장한 게 이때가 처음인데, 반민특위가 활동하던 시기였습니다. 두 차례에 걸쳐 국회의원 13명을 체포하는데, 더 놀라운 것은 현역 국회의원들을 헌병사령부 내에 임시로 설치된 특별수사본부에 수감한 겁니다.

장동석: 1949년 5월이면 정부 수립 이후 사법부와 검찰이 엄연히

존재한 상황인데 헌병사령부에 구속했다는 것이 납득이 가지 않습니다.

김삼웅: 헌병사령부 특별수사본부는 비공개로 재판을 진행했는데, 나중에 발표한 자료를 보면 기가 찰 노릇입니다. 남로당의 여성 특수 공작원 정재한을 개성에서 체포했는데, 그녀의 음부에서 비밀문서가 나왔다는 것입니다. 당시 개성은 남쪽 영역이었습니다. 그런데 정작 정재한이라는 여성은 재판정에 한 번도 세우지 않았습니다. 유령 재판인 거죠. 현직 국회의원 13명에게 중형을 선고하면서 유일한 증거, 증인이라고 할 수 있는 인물을 법정에 세우지도 않은 겁니다. 이 대목에서 연관성을 봐야 합니다. 국회 프락치 사건이 터진 것이 1949년 5월 초였고, 6월에는 반민특위가 해체됩니다. 6월 26일에는 김구 선생이 암살당하죠. 이승만 정권 핵심부는 절묘한 공안 시스템을 가동해서 국회를 무력화한 것입니다. 지금도 이런 수법을 많이 사용하죠.

당시 제헌의원 중에는 역사의식도 있고 용기 있는 분들이 많았습니다. 반민특위 관련 특별법이 만들어진 것만 봐도 알 수 있죠. 그런데 이승만이나 그 수하들인 친일파 입장에서는 반민특위의 칼날이 자신들을 향해 점점 다가오고 있었던 겁니다. 그러니 우선 국회의 기를 꺾을 방법이 필요했던 거죠. 국회 프락치 사건은 그렇게 시작된 것입니다. 사실 '프락치'라는 말이 못된 짓을 하는 앞잡이잖아요. 그러니 국회 프락치 사건이라고 부르는 것은 어폐가 있습니다. 당시 공안당국이 '남로당 프락치 사건'으로 명명해서 국회의원들을 구속했습니다. 이어서 반민특위를 없애고, 민족 세력의 정신적 지주인 김구 선생을 제거함으로써 일단락됩니다. 국회 프락치 사건은 한국 현대사에서 악행으로 남을 만합니다.

장동석: 이후 과정은 어떻게 진행되는지 궁금합니다.

김삼웅: 비공개 재판을 하다가 2심 계류 중에 6·25전쟁이 일어납니다. 당시 이들은 서대문형무소에 수감되어 있었는데 서울을 점령한 인민군이 접수해서 풀어줍니다. 제가 15년 전쯤에 『서대문형무소 근현대사』라는 책을 쓰다가 보니까, 인민군이 6월 25일 전면 남침했고, 28일 새벽 2시에 이승만이 도망가고, 30분 후에 한강철교가 폭파됩니다. 대통령도 도망가버린 형편인데 서대문형무소도 방치되지 않았겠어요. 곧바로 인민군에게 접수되면서 이분들도 그들에게 인계됩니다. 그리고 13명 중 한 사람을 빼고 모두 북한으로 갔습니다. 이런 경우는 월북이라고 해야 할지 납북이라고 해야 할지 모르겠습니다만, 전후에 이게 또 다른 빌미가 됩니다. 봐라, 다 북한으로 가지 않았느냐, 당연히 프락치 아니냐, 되레 이승만 정권이 큰소리를 친 거죠. 이 사건은 아직도 명예 회복은커녕 진실 규명조차 제대로 되지 않고 있습니다. 재야 시절 박원순 변호사가 어느 정도 규명을 했는데, 아직도 일반에는 '국회 프락치 사건'으로만 알려져 있습니다.

장동석: 역사의 물줄기를 바꾼 참담한 사건인데, 아직도 진상 규명이 되지 않고 있다니 답답합니다. 지금도 수많은 역사가 왜곡되면서 오해를 낳고 있는데, 이런 사건들이 얼마나 더 생겨날지 알 수 없잖습니까?

김삼웅: 덧붙이자면 국회 프락치 사건을 담당했던 핵심 멤버가 대개 반민특위가 친일파로 지목한 사람들입니다. 전봉덕 헌병사령관, 김정채 헌병사령부 수사정보과장, 오제도 서울지검 검사, 김태선 서울시경 국장, 최운하 서울시경 사찰과장 등입니다. 이런 사람들이 중심이 되어 국회 프락치 사건을 수사한 겁니다. 전봉덕과 김태선은 김구 선생 암살 사건에도 연계되어 있습니다. 최운하는 임시정부와 의열단에서 처단해야 할 악질로 지목했던 인물인데, 자기 입으로 독립운동가를 몇십 명 죽였다고 자랑까지 한 사람입니다.

8 전시작전권을 외국군에 이양한 나라는 우리밖에 없다

장동석: 이제 6·25 전쟁 이야기를 해봐야 할 것 같은데요. 전면 남침 전에 삼팔선을 중심으로 여기저기서 이미 국지전이 계속 벌어지고 있었습니다. 그런데 왜 정부 차원에서 아무런 대책이 없었던 걸까요? 실제로 이승만 정권은 국지전과 관련한 많은 정보를 가지고 있었다고 보는 정황이 있는데요.

김삼웅: 6·25전쟁 직전인 1950년 5월 30일에 제2대 민의원 선거가 있었어요. 그때는 국회의원이라고 하지 않고 민의원이라고 했는데, 제헌국회 임기가 2년이었기 때문에 1950년 5월에 선거를 하게 되었던 것입니다. 이 선거에서 이승만 진영에 치명적인 문제가 발생합니다. 전체 210석 가운데 이승만 세력이 24석, 이승만에게서 떨어져나간 한민당 세력이 24석을 차지했습니다. 나머지 군소 정당이 있었지만 무소속이 무려 126석을 차지했습니다. 제2대 국회에는 분단 정권 수립을 반대했던 조소앙, 안재홍, 김붕준, 최동호, 장건상 등 쟁쟁한 독립운동가들이 포진해 있었습니다. 물론 조봉암 선생도 있었죠. 이 분들은 이승만이 만만하게 볼 수 없는 상대거든요. 경력으로 보나 독립운동 활동으로 보나 그렇죠.

1948년 남북 정부 수립 후부터 삼팔선에서는 크고 작은 분쟁이 참 많았습니다. 1949년 한 해 동안 삼팔선 주변은 준전시 상황이었다는 기록도 있어요. 그런데 당시 국방부 장관 신성모는 입만 열면 "점심은 평양에서, 저녁은 신의주에서 먹을 수 있다"고 장담했어요. 미국 군사고문단장 로버트 준장도 "한국군은 북한의 침공을 충분히 저지할 수 있다"고 공언했죠. 1950년 1월 12일 애치슨 미국 국무장관이 미국의 극동방위선에서 한국을 빼버립니다. 미국의 태평양 안전보장선을 알래스카, 일본 오키나와, 대만, 필리핀으로 설정한 것이죠. 한국이 미국의 안보 라인에서 빠지게 되자 북한과 중국, 소련은 호재라고 봤겠죠. 한심한 것은 6월 24일 저녁부터 군 수뇌부가 육군장교클럽 개관식을 성대하게 치렀다는 겁니다. 국방부, 육군본부 등 군 수뇌부와 미국 군사고문단은 서울 근교에서 밤 10시까지 파티를 벌이고 새벽까지 2차를 했어요. 새벽 4시 40분 인민군이 전면 남침을 감행했는데 수뇌부는 그때까지 까맣게 모르고 있었던 겁니다. 삼팔선 주변에서 크고 작은 충돌이 수백 건씩 터지고 있는데 말이 되는 일입니까. 더욱이 국군 장병 3분의 1이 외출이나 외박을 나간 상태였습니다.

장동석: 보고 체계에도 문제가 있었다면서요?

김삼웅: 이승만 대통령이 북한의 남침 사실을 보고받은 것이 25일 오전 10시 30분경입니다. 경회루에서 낚시를 하다가 보고를 받았어요. 새벽 4시 40분에 전면 남침이 시작됐는데, 보고 체계가 얼마나 허술했으면 10시 30분에야 보고를 받나요? 그때 보고를 받고도 통수권자인 대통령은 오후에야 국무회의를 열어요. 이런 행태를 종합해보면, 늘 있었던 일이니까 국지전 정도로 보고 조금 있으면 잦아들 일이라고 생각했던 거죠. 대통령 선거를 앞두고 이승만 쪽에서는 이런 일을 바랐을 수도 있어요. 북한이 총격전을 좀 크게 벌여주면 선거에 도움이 되니까요. 가설이지만 그랬을 가능성이 높습니다.

장동석: 국지전 상태가 지속되면 아무래도 선거에 영향을 주겠죠. 그러고 보면 '북풍'(北風)[6]은 어제오늘의 일이 아니군요.

6) 선거에 영향을 주는 '북한 변수'를 일컫는 말이다. 1996년 4·11 총선(15대 국회의원 선거) 며칠 전에 판문점에서 전개된 북한군의 갑작스러운 무력시위를 계기로 '북풍'이라는 용어가 쓰이기 시작했다.

김삼웅: 국지전 상태보다는 좀 커야죠. 그래야 정권도 유지되고 다음 선거에서 유리한 고지를 점령하니까요. 자기 세력이라곤 국회의

원 몇 명이 고작이고, 한민당은 칼을 갈고 있고, 쟁쟁한 인사들이 국회의원에 당선된 상황이었어요. 이승만으로서는 아주 불리한 처지였지요. 성공회대 김동춘 교수가 『전쟁과 사회』에 이렇게 썼더군요.

"이승만이 전쟁 발발 후 신성모와 채병덕의 낙관적인 전황 보고에 대해 한 마디 질책이나 비판도 하지 않았음은 물론 1949년 10월 이후 스스로 북진론을 주장해온 점, 그리고 5월 이전까지는 전쟁 발발을 경고하면서 미국의 지원을 애타게 요청하다가 6·25 직전에는 침묵하고 막상 전쟁이 발발한 직후에는 놀라울 정도로 담담한 태도를 취한 것은 미국 정부의 한국에 대한 기본 입장을 냉정하게 판단한 후에 나온 결론이거나, 그렇지 않으면 미국 측과 사전에 일정한 교감을 갖고 있었다는 증거가 아닐까?"

장동석: 미국과 교감이 있었다면 어떤 방식으로든 전쟁에 대한 정보를 얻을 수 있었을 텐데요.

김삼웅: 이승만은 측근인 임영신이 독자적으로 북한에 보낸 첩보원으로부터 북한의 전쟁 준비 상황을 보고받았어요. 임영신은 이승만 정권의 상공부 장관 출신으로 뇌물 사건으로 물러난 사람입니다. 이것뿐만 아닙니다. 김종필이 당시 방첩대 책임자로 있었는데, 북한의 움직임이 수상하다는 보고를 받았다고 합니다. 이런 보고를 받았다면 충분히 대처했어야 하는데 김동춘 교수 얘기처럼 미국과 연계가 되었거나 정권 유지만 생각하다가 방심했다고 봐야겠죠.

장동석: 국지전을 기대했지만 전면전이 발발하니까 서울에 남아 있기 어려웠겠죠. 하지만 도망가는 행태가 패륜 수준이었다는 것이 문제죠.

김삼웅: 이승만이 남쪽으로 도망가고 30분 후에 한강철교를 폭파시

켰는데, 그때 한강철교를 건너던 시민이 적게는 600명 많게는 1,200명입니다. 한국은행에 보관하던 국채와 금괴도 전부 다 놔둔 상태였습니다. 불과 몇 시간 전에 국회에서 수도 서울을 사수하겠다고 의결했어요. 그런데 국회에 통보도 하지 않고 국가기밀도 방치한 채 도망갔어요. 어디 그뿐입니까. 당시 수도권에 3개 사단 병력이 주둔하고 있었어요. 그 병력을 적지에 방치하고 도망간 겁니다. 부산으로 피난 가서는 북한 인민군을 격퇴해야 한다면서도 실제로는 정권 안보를 위해 더 발버둥친 거죠. 발췌개헌까지 하면서요.

장동석: 한강철교 폭파와 관련해서는 여러 가지 이야기가 있습니다. 몇몇 증언에 따르면 계획된 것이라는 이야기도 있습니다. 단순히 대통령이 건넜으니 폭파시켜라가 아니라 어떤 시나리오에 의해 계획된 것이라는 증언들이 나왔습니다.

김삼웅: 그때나 지금이나 국군통수권은 대통령에게 있습니다. 대통령 피난을 위해 서울역에 기차를 대기해놓은 상태였습니다. 국회의 결의도 무시하면서 도망간 행태는 우연의 일치라고 하기엔 굉장히 절묘합니다. 기차가 건너고 30분 후에 육군 공병감이 TNT로 철교를 폭파시켰습니다. 그리고 그 공병감은 한강철교를 폭파했다는 이유로 사형을 당합니다. 군사재판에서 사형시켰으니 유언 같은 것이 남았을 리 없지요. 일개 대령인 공병감이 자신의 판단으로 폭파시켰다는 건 불가능한 일입니다. 채병덕 육군참모총장의 지시가 있었다는 사실이 밝혀졌지만, 그보다 윗선이 있지 않았겠습니까?

장동석: 그런 와중에도 이승만은 권력 유지와 정권 안보 차원에서 간선제를 직선제로 바꾸려고 합니다. 전쟁 와중에도 선거가 있었기 때문이겠죠?

김삼웅: 평시에 직선제였다가도 전시에는 간선제로 바꾸는 게 상식

입니다. 문제는 부산 피난 시절인 1952년 대통령 선거가 있었던 겁니다. 당시는 임기가 4년이었어요. 부산 피난 중 대통령 선거를 앞두고 이승만은 아주 야비하게 직선제 개헌안을 냅니다. 그전에 한민당은 내각제 개헌안을 냈고요. 한민당은 금권을 동원해서 무소속 당선자들을 끌어들였습니다. 하지만 한 표 차이로 부결됩니다. 그러자 이승만이 직선제와 양원제 개헌안을 내놓습니다. 양원제는 직선제 개헌만 하면 냄새가 나니까 국민의 뜻을 반영한다는 미명 아래 덤으로 내놓은 겁니다. 하지만 이것도 한 표 차이로 부결됩니다. 결국 내각제와 직선제에서 두 가지 장점을 발췌하자고 해서 '발췌개헌'이라는 말이 나온 겁니다. 양원제는 전시 중이니 복잡하다며 빠집니다. 결국 이승만 뜻대로 다 된 거죠. 양원제는 처음부터 생각도 없었던 겁니다. 직선제가 목적이니까. 결과적으로 직선제를 하되 국무총리에게 권한을 조금 주게 됩니다. 그때부터 시작된 것이 지금까지 꼬리표처럼 남은 겁니다. 국무총리가 장관들을 추천하고 해임을 요구할 수 있는 권한을 갖게 된 거죠. 내각제와 비슷하지만, 실제로 국무총리가 그런 역할을 하고 있나요? 옛날이나 지금이나 마찬가지입니다.

장동석: 이승만의 치부는 그 정도만 해도 충분할 것 같습니다. 다만 북진통일론에 대해서는 좀 더 설명을 해주시지요.

김삼웅: 이승만은 해방공간에서는 남북 통일정부 수립에 반대하다가 집권 후에는 북진통일론을 내세웠습니다. 이게 정치적인 이데올로기가 되었는데, 아무런 준비도 능력도 없었습니다. 6·25전쟁 때는 한미방위조약을 맺으면서 전시작전권이 이미 미군에 넘어간 상태입니다. 이때는 국군지휘권도 없으면서 북진통일론을 내세운 겁니다. 통일정부 수립론자들은 암살하거나 제거하고 말이죠. 1952년 대통령 선거 당시 한민당이 대통령 후보자로 몇 사람을 추천했는데 전시에 이승만이 좌지우지하는 상황이라 겁을 먹고 아무도 나서지 않았어요. 그런데 죽산 조봉암 선생이 겁 없이 나선 겁니다. 죽산은 북진

통일론은 현재 국제 정세로 보나 남북 힘의 구조로 보나 불가능하다며 평화통일을 해야 한다고 주장했습니다. 이때부터 죽산이 이승만에게 찍힌 거죠.

사실 북진통일론은 아무런 준비도 없이 이승만의 정치 이데올로기로, 정치적 수사로 사용되었습니다. 명분은 좋죠. 국민 통합을 위해서라고 했지만 실상은 반대파의 평화통일론을 제압하기 위한 수단으로 사용된 겁니다. 지금은 이런 말을 하는 사람이 없지만 그때만 해도 이승만의 북진통일론이 정답이었어요. 각종 행사 때마다 '우리의 맹세'라고 해서 '우리는 백두산 영봉에 태극기 날리고 남북통일을 완수하자' 이런 걸 암송했습니다. 학교, 군대는 물론 기업 등 조직사회에서는 어디나 그걸 암송했지요.

장동석: 북진통일론은 국민 정서를 환기시키는 정치적 수사이자 대척점에 있는 평화통일론을 제압하기 위한 것이었군요. 평화통일론은 요즘 말로 하면 '종북'이라는 수사와 같은 것이겠네요.

김삼웅: 그렇죠. 이승만은 6·25전쟁이 발발하고 UN이 참전하면서 한미방위조약을 맺고 국군의 작전지휘권 자체를 위임했습니다. 당시의 상황에서는 불가피한 점도 있었다고 봅니다. 그런데 '대한민국 육해공군 지휘권 이양에 관한 공안 혹은 협약'을 만든 것이 아니라 전쟁 초기인 1950년 7월 15일 UN군 사령관 맥아더 장군에게 이승만이 개인 서신을 보냅니다. 한국군의 지휘권을 미군에 이양하는 것인데, 아무리 전시라지만 기한도 명시하지 않은 채 작전권을 외국군 사령관에게 넘겨준 것입니다. 대략의 내용은 이렇습니다.

'맥아더 장군 귀하

대한민국을 위한 유엔의 공동 군사 노력에 있어 한국 내 또는 한국 근해에서 작전 중인 유엔의 육해공군의 모든 부대는 귀하의 통솔하에 있으며 또한 귀하는 최고사령관으로 임명되어 있음에 감하야,

본인은 현 작전 상태가 계속되는 동안 일체의 지휘권을 이양하게 된 것을 기쁘게 여기는 바이며 여사한 지휘권은 귀하 자신 또는 귀하가 한국 내 또는 한국 근해에서 행사하도록 위임한 기타 사령관이 행사하여야 할 것입니다. 한국군은 귀하의 휘하에서 복무하는 것을 영광으로 생각할 것이며 또한 한국 국민과 정부도 고명하고 훌륭한 군인으로서 우리들의 사랑하는 국토의 독립과 보전에 대해 비열한 공산 침략에 대항하기 위해 힘을 합친 유엔의 모든 군사권을 맡고 있는 귀하의 전체적 지휘를 받게 된 것을 영광으로 생각하며 또한 격려하는 바입니다. 귀하에게 심후하고도 따뜻한 개인적인 경의를 표하는 바입니다. 1950년 7월 15일 이승만'

장동석: 전문을 들어보니 한심하다는 생각이 듭니다. 한 국가의 최고 지도자로서 이런 말을 할 수 있는 건가요? 그러면서도 뒤로는 정쟁만 일삼은 행위는 오늘 우리 현실을 돌아보게 합니다. 민주주의의 첫 단추를 잘못 꿴 것이 얼마나 큰 영향을 주는지 이 서신이 증명해 주고 있군요.

김삼웅: 6·25전쟁이라는, 어찌 보면 절체절명의 국난을 당한 국군 통수권자로서 외국군에 시한부로 작전권을 위임할 수는 있습니다. 그런데 7월 15일은 전쟁이 일어난 지 채 두 달도 안 된 시점입니다. 아무리 전시라지만 위임을 하더라도 맥아더와 직접 만나서 우리 사정이 이러니 당신에게 당분간 위임한다, 전쟁이 끝나면 반환해달라고 당당하게 요구를 했어야지요. 아니면 부칙에라도 승전 후에는 우리가 통수권을 돌려받겠다고 명시하든가. 구멍가게 하나를 누구에게 맡기더라도 기한을 명시하지 않습니까? 그런데 한 나라 국군의 지휘권을 넘기면서 이런 게 없었다니 말이 됩니까?

독립국가냐 아니냐를 결정하는 기준이 뭔가요? 국군통수권이 있느냐 없느냐가 중요한 기준 중 하나입니다. 임시정부도 일제와 싸우면서 끝까지 중국 정부를 설득하여 광복군 통수권을 김구 주석이 장악했어요. 그런데 정부가 수립된 마당에 종잇장 하나로 넘겨줘버리고는 전쟁이 끝난 후 반세기가 지나도록 반환조차 거론하지 않았어요. 65년이 되는 지금도 전시작전권을 회수하지 못하고 있습니다. 이명박 정부도 박근혜 정부도 미국에 사정사정해가면서 더 맡아달라고 하고 있죠. 미국의 고위 관리가 이런 말을 했어요. "한국 정부가 계속해서 전시작전권 반환을 연장해달라는 것은 다 큰 청년이 여전히 유모의 치맛자락을 붙들고 있는 격이다." 작년에 박근혜 정부가 다시 전시작전권을 무기한으로 넘겨버렸는데, 국제적으로 참 부끄러운 처사입니다.

장동석: 세계적으로 이런 유사한 사례가 있나요?

김삼웅: UN에 가입된 국가가 193개인데, 그중에 전시작전권을 외국군에 이양한 나라는 없습니다. 미국은 돌려주겠다고 하는데, 우리가 더 맡아달라고 애걸복걸하는 상황입니다. 노무현 대통령이 이 부분에 대해서는 철석같이 약속을 했잖아요. 몇 년 후에 우리가 환수하는 것으로. 당시 예비역 장군들, 보수파 목사들, 교수들이 청와대 앞을 막고 시위했던 것 기억하시죠? 노 대통령이 "별 달고 으스댔던 사람들이 그동안 막대한 국가 예산을 어디에 다 쓰고 더 맡아달라고 이러느냐" 했다가 난리가 났었죠.

장동석: 전시작전권 문제만 봐도 오늘 우리 사회의 문제는 아주 깊은, 그것도 여러 가지 뿌리를 가지고 있군요.

김삼웅: 전시작전권 환수 이야기만 하면 빨갱이 아니냐, 종북좌파 아니냐 으르렁대는데, 전시작전권이 언제 어떻게 넘어갔는지 내밀한 상황을 알지 못하기 때문입니다. 더 한심한 것은 이승만 대통령이 가장 잘한 게 이거라는 겁니다.

9 야당인 민주당조차 침묵한 조봉암의 사형 집행

장동석: 부산에서도 이승만 세력은 한심한 작태를 보여주었죠. 전시 상황에 계엄이라니요.

김삼웅: 전장에 나가 있는 군인들은 생사의 기로에 서 있는데, 부산에서는 계엄령을 선포합니다. 한 치라도 밀리면 끝장인데, 일선에 나가 있는 군대를 빼다가 계엄사령부를 설치합니다. 그리고 전쟁 중인 나라에서 국회의원들을 잡아 가두고, 군대를 빼다가 영호남에 계엄령을 내립니다. 김창숙 선생 등 재야인사들이 이승만의 횡포를 비판했다가 철저하게 탄압받았어요. 미군 사이에서도 이승만으로는 안 되겠다 하는 사람들이 있을 정도였습니다.

장동석: 그래서 축출설이 제기된 건가요? 역사를 잘 안다는 사람도 이 대목은 잘 모르는 부분인데요.

김삼웅: 미국 수뇌부가 한국 상황을 잘 모르는 게 당연지사죠. 미국 국무성은 잘 몰랐던 것 같아요. 현장에서 축출 준비를 하다가 막상 거사를 하려고 본국에 알리니 중단시켰다고 합니다. 정확하게 박정희가 첫 번째 쿠데타를 일으키려 했던 시점과 맞아떨어집니다.

장동석: 박정희의 쿠데타에 관한 이야기는 잠시 후 다시 나누도록 하겠습니다. 앞서 언급한 조봉암 선생 이야기를 좀 더 해볼 필요가 있을 것 같은데요. 사실상 김구 선생 이후 이승만의 최대 라이벌이 조봉암 선생이죠. 『죽산 조봉암 평전』에도 쓰셨지만, 조봉암 선생 이야기는 한국 현대사에서 철저히 왜곡되고 묻혀버렸지 않습니까?

김삼웅: 죽산 조봉암 선생의 일생은 참 파란만장하지만 그에 비해

큰 뜻을 펴지는 못했습니다. 어떤 면에서 보면 다소 가벼운 처사랄까, 그런 부분도 있어요. 이를테면 발췌개헌 때 이승만 편에 선 것입니다. 죽산은 이승만을 축출하려는 미군의 쿠데타 움직임을 알게 되었는데, 이승만의 폭거도 용납할 수 없지만 이런 미국의 시나리오도 받아들일 수 없었습니다. 당시 이승만 축출을 중단한 미국은 이승만과의 타협용으로 이승만 재선을 위한 발췌개헌안을 제시합니다. 죽산은 미국과의 접촉을 통해 "정치적 혼란이 수습되지 않으면 미국(유엔)이 계엄을 선포해 권력을 잡겠다"는 내용을 알게 됩니다. 그래서 동족의 독재를 견디는 게 낫지 더는 미국의 군정을 겪지 않겠다고 생각해서 미국의 뜻에 따라 발췌개헌안을 지지합니다. 일제와 싸우면서 갖은 고생을 했던 사람이 죽산입니다. 그런 사람이 이승만의 독재를 용인하는 것이 우리 민족사에서 장기적으로 봤을 때 외국의 군정보다 낫다고 생각했을 수도 있었겠지만 안타까운 일입니다.

장동석: 죽산은 2대, 3대 대통령 선거에 출마하면서 이승만의 확실한 대항마로 자리매김합니다. 그래서 이승만이 더더욱 눈엣가시처럼 느꼈을 수도 있겠죠.

김삼웅: 죽산은 2대, 3대 대통령 선거에 나왔지만 결국 뜻을 이루지 못했어요. 두 번째 출마, 즉 1956년 제3대 대통령 선거 때는 진보당 후보로 나왔지만 미처 창당도 못한 준비위원회 과정이었습니다. 또 이승만 정권의 모진 탄압 때문에 유세와 집회를 거의 하지 못했어요. 선거 벽보조차 붙이지 못했죠. 그런데도 216만여 표를 얻었어요. 선거관리위원회가 발표한 공식 통계만 그렇다는 겁니다. 대구에서는 오히려 이승만을 이겼어요. 그러니 1960년 제4대 대통령 선거를 앞두고 이승만 측근들이 봤을 때 죽산은 매우 위협적인 존재였습니다. 죽산은 평화통일론, 남북 교류 및 협상, 민중이 고루 잘사는 사회 등을 선거공약으로 제시하고 있었어요. 지금 야당이나 재야에서 내세우는 공약과 유사하죠. 결국 이승만 정부는 1958년 1월 평화통일론

을 내세웠다는 것을 구실로 죽산을 간첩 혐의로 구속합니다. 이른바 '진보당 사건'이죠. 초심에서는 유병진 판사가 정치 사건이니 대통령 선거만 끝나면 풀려날 거다 싶어서 5년을 선고했어요. 그나마 양심적인 법관이었죠. 그런데 극우주의자들이 '친공 판사 유병진을 타도하라'며 법원까지 몰려가 시위를 했습니다. 결국 2심에서 이승만이 직접 개입합니다. 어떻게 국시를 위반한 정치인에게 그렇게 가벼운 판결을 하느냐고 한 소리 한 거죠. 재판 과정에서 죽산에게 돈을 주었다고 했던 양명산이라는 사람이 돈을 준 적이 없다고 증언을 번복했는데도 고법과 대법원에서 결국 사형 판결이 내려집니다. 5공 때 국회의장을 지낸 윤길중 씨가 당시 진보당 간부였는데 실세인 이기붕을 만나서 더는 정치를 안 하고 이승만 노선을 추종하겠다고 구명을 부탁합니다. 그리고 서대문형무소에 가서 죽산을 설득합니다. 그런데 죽산은 "정치는 승패가 있게 마련이다, 민중을 잘살게 하자던 내 주장은 많은 국민들에게 공감을 받고 있을 거다, 구걸까지 하면서 살고 싶지는 않다"며 거부했습니다. 정부는 재심의 기회를 주지 않으려고 사형 판결이 난 다음 날 바로 사형을 집행해버렸습니다.

장동석: 현대사에 있어서 정말 비극적인 일입니다.

김삼웅: 죽산은 혁명가, 독립운동가다운 자세로 마지막을 맞았습니다. 지금도 서대문형무소 역사관에는 비둘기가 많은데요, 죽산은 항상 밥을 조금씩 남겼다가 옥사 창가에 날아온 비둘기들에게 주었답니다. 간수와 수감자들이 그 새를 '죽산조'라고 불렀다죠. 죽산이 형장에서 마지막으로 담배 한 대만 피우게 해달라고 했지만 그 소원마저 들어주지 않았어요. 결국 죽산의 평화통일론, 중립화통일론, 민중이 고루 잘사는 사회 등의 꿈은 이루어지지 못했습니다. 더 슬픈 것은 당시 야당인 민주당조차 죽산의 사형 집행에 침묵한 거예요. 또 보수 신문들은 재판 과정의 부당함을 전혀 보도하지 않았어요. 〈한국일보〉만 거의 유일하게 사설과 기사를 썼지요. 어찌 보면 보수 야

당, 보수 언론, 미국이 합작으로 죽산을 처형한 겁니다. 당시에 야당이 죽산을 대통령 단일 후보로 내세워 선거를 치렀다면 틀림없이 당선됐을 거라고 봅니다.

장동석: 『죽산 조봉암 평전』에도 쓰셨지만, 조봉암 선생에게 좀 안타까운 면이 있었다면서요?

김삼웅: 앞에서도 말했지만 위대한 항일운동가 죽산은 안타까운 면이 있습니다. 제3대 대통령 선거 당시 지방에서 유세도 제대로 못하고 집회도 할 수 없었습니다. 어딜 가나 경찰이 막았어요. 어느 지방에서는 선거 운동원이 자유당원에게 맞아 죽는 일도 발생했습니다. 이런 일이 자꾸 발생하는 데다 암살 첩보까지 받고 보니 모처에 은신하게 됩니다. 그것도 선거를 일주일 앞두고요. 물론 측근들이 비명횡사하고, 선거에서 이슈를 내세울 수 없는 형편이니 어려웠을 겁니다. 그런데 죽산이 백범이나 몽양처럼 좀 더 배포가 있었다면, 죽음을 각오하고 이승만 타도 전선을 펼쳤다면, 맨몸으로라도 선거전을 이끌었다면 민중봉기와 비슷한 상황이 발생하면서 능히 대통령에 당선되지 않았을까요. 해공 신익희 선생의 유해가 집으로 돌아올 때 서울시민 몇만 명이 몰려들자 경찰이 총을 쏴서 두 명이 부상당합니다. 시민들은 충분히 일어날 준비를 하고 있었어요. 그런데 죽산이 숨어버린 겁니다. 다른 분들은 이 대목을 언급하지 않는데, 저는 책에 썼습니다. 평전은 잘한 것만 기록하는 게 아니니까요.

장동석: 두려움이 그만큼 컸다는 반증이겠죠. 또 이승만 정권이 정권 연장을 위해 어떤 방법이든 동원할 태세였다는 것을 보여주는 사례이기도 합니다.

10 민주헌정사를 올바로 돌린 첫 번째 사건

장동석: 화제를 다시 돌려보겠습니다. 앞서 박정희의 쿠데타 모의가 피난 중인 부산에서 있었다고 하셨는데요.

김삼웅: 우리는 군사 쿠데타 하면 1961년 박정희의 5·16쿠데타와 1980년 전두환의 5·17쿠데타를 생각하는데, 실제로는 6·25전쟁이 한창인 1952년에 이미 시작되었습니다. 군 내부에서 이승만을 축출하고 국무총리를 지낸 장면을 대통령으로 추대하려는 움직임이 있었지요. 이 사건에 박정희가 관련이 있습니다. 역사의 아이러니죠. 그로부터 9년 후에 장면 정권을 전복한 게 또 박정희였습니다. 앞서 말한 것처럼 이승만 정부는 부산 피난 중인 1952년 여름에 제2대 대통령 선거를 앞두고 재집권을 위해 직선제 개헌안을 국회에 제출했다가 부결됩니다. 그래서 5월 25일 부산을 포함한 경남과 전남북 일원에 계엄령을 선포하고 이범석을 내무장관에 발탁합니다. 원용덕을 영남 지역 계엄사령관에 임명하고, 내각제 개헌 추진을 주도한 국회의원들을 체포했어요. 국회의원 50여 명이 탄 버스를 헌병대로 끌고 가기도 했습니다. 이런 과정을 거치면서 국내외에서 이승만 정권으로는 안 되겠다는 여론이 비등했습니다. 이때 육군본부 작전교육국장 이용문 준장과 작전교육국 차장 박정희 대령이 쿠데타를 모의합니다.

장동석: 두 사람 모두 일본 육군사관학교 출신이죠.

김삼웅: 이용문은 일본 육군사관학교 50기고, 박정희는 57기입니다. 두 사람은 각별한 사이인데, 6·25전쟁 전 이용문이 정보국장일 때 박정희는 같은 부처에서 문관으로 근무했습니다. 이용문이 9사단 부사단장일 때는 박정희가 참모장을 했지요. 이용문이 육본 작전

교육국장이 됐을 때 박정희 대령을 차장으로 발탁할 만큼 두 사람은 아주 끈끈한 관계였습니다. 쿠데타 모의는 이 두 사람이 주도했지만 능력이 모자라니까 이종찬 참모총장을 영입하려고 합니다. 병력은 경남 언양에 주둔하던 제15연대를 동원할 작정이었어요. 당시 제15연대장이 유원식이라는 사람인데, 나중에 5·16쿠데타에 참여하고 국가재건최고회의 위원도 역임합니다. 제15연대 병력으로 부산을 점령한 후 육해공군의 협력을 얻어서 과도 정권을 수립하려는 계획이었죠.

이용문은 평양고보(평양고등보통학교) 후배로 장면 국무총리 비서실장을 지낸 선우종원을 은밀히 만나 군 일각에서 이승만을 축출하고 장면을 대통령으로 추대하려 한다며 참여를 종용했습니다. 하지만 선우종원은 선거로 권력을 바꿔야지 쿠데타로는 안 된다며 거부했어요. 선우종원은 나중에 박정희 정권에서 많은 탄압을 당합니다. 쿠데타 음모가 이런 과정을 거치면서 주춤하고 있을 때 이종찬 장군은 끝까지 계엄군을 동원하면 안 된다는 입장을 견지했습니다. 참 군인이지요. 그런데 밴플리트 주한 미군 사령관은 양해를 했던 것 같아요. 그래서 다시 장면 쪽과 접촉했지만 여전히 반대했어요. 군의 정치적인 중립에 위배된다는 거죠. 이종찬 장군이 처음부터 단호하게 거절했는데, 만약 이종찬 장군만 동의했다면 반 이승만 쿠데타가 성공했을 겁니다. 밴플리트 장군의 양해와는 별개로 미국 국무성이 동의했는지는 아직도 미스터리입니다. 이것은 누군가 밝혀내야 합니다. 이렇게 박정희의 1차 쿠데타 음모는 좌절됩니다.

장동석: 비록 군부의 쿠데타 모의지만 여러 정황을 종합해보면 더는 정권을 유지하기는 어렵겠다는 일종의 위기의식들이 발동된 것이겠죠.

김삼웅: 그 이후의 상황을 보면, 라이벌인 신익희는 죽었고, 죽산은 사형을 당했습니다. 이승만은 이미 팔십이 넘은 고령이었어요. 이승

만 측근들과 자유당 수뇌부는 단지 이승만을 추종해서가 아니라 이승만이 있어야만 자신들의 권력을 유지할 수 있기 때문에 이승만의 4선을 위해 공작을 꾸미기 시작한 겁니다. 최인규처럼 별로 능력이 없는 사람이 내무부 장관이 되어 전국 시장, 군수, 경찰서장들을 불러놓고 '내가 책임지고 재임명한다, 재임명 여부는 당신들 선거구에서 나오는 표로 결정하겠다, 감옥에 가도 내가 간다' 이런 말을 수시로 하고 다녔습니다. 야당에서는 조병옥 박사가 후보가 되긴 했지만 민주당 내분은 상상 이상이었습니다. 4대 대통령 선거일은 1960년 3월 15일로 공고되었는데, 야당 후보 조병옥 박사가 2월에 미국 월터리드 육군병원에서 돌아가셨어요. 원래 선거는 5월이나 6월로 예정되어 있었습니다. 그런데 조병옥 박사가 미국 병원에 입원하자 빨리 선거를 치러버리려고 한 거죠. 그네들로 봐서는 조병옥 박사가 돌아가신 게 다행이었죠.

장동석: 야당으로서는 신익희 선생에 이어 두 번째로 대통령 후보를 잃은 상황인데요.

김삼웅: 당시 부통령 후보는 장면 박사였는데, 야당은 장면이라도 당선시켜야 하는 상황이 되었습니다. 이승만 측에서는 대통령은 이미 떼어놓은 당상이고 이기붕을 부통령으로 당선시키는 게 당면 목표였습니다. 이기붕이나 막료들 입장에서는 이미 4년 전에 한 번 진 적도 있고, 그보다 더 두려운 게 이승만이 팔십이 넘은 나이로 언제 죽을지 모르는 상황이었던 거죠. 야당 부통령에게 대통령직이 승계되는 것이 제일 겁났던 겁니다. 그래서 장면 저격 미수 사건도 있었는데, 다행히 손목에 스치는 부상만 입었어요. 그러니 이기붕을 당선시키려면 부정선거밖에 더 있겠습니까? 그래서 고안해낸 것이 국가보안법 개정입니다. 부부, 부자라도 간첩 용의자를 신고하지 않으면 국가보안법으로 처벌하게 한 거죠. 또 언론과 야당이 허위 사실을 유포하면 국가보안법으로 다스릴 수 있게 했습니다. 1959년 12

월 24일 '2·4정치파동' 혹은 '보안법 파동'이라고 불리는 사건을 일으킨 겁니다.

장동석: 선거 전에 할 수 있는 조치는 다 한 건데요. 그것도 못 미더워서 투개표 과정에서 엄청난 부정을 저질렀지요?

김삼웅: 투표용지를 미리 빼돌리고, 3인조·9인조 공개투표를 자행했어요. 또 야당 개표 참관인을 매수하되 끝까지 듣지 않으면 쫓아내버리기까지 했어요. 개표할 때 전깃불을 꺼버리고, 반공청년단과 깡패들을 동원해서 부정 개표를 도왔지요.

장동석: 3·15부정선거가 전국적으로 자행되었음에도 마산에서 시위가 시작된 데에는 여러 가지 요인이 있었다고 하는데, 어떤 연유인가요?

김삼웅: 마산의 민주당 국회의원 허윤수가 선거 전에 자유당으로 변절을 했습니다. 이 때문에 민주당 마산시당 간부들이 선거 직전에 전면 선거 거부를 선언했어요. 중앙당에서도 거부를 했는데 마산에서 특히 강했습니다. 민주당 마산시당 당원들이 앞장서서 변절한 허윤수 집에 몰려가 돌을 던지며 시위를 했어요. 시민들과 학생들이 시위에 나선 것도 시발이 되었지만, 발화점은 변절자를 규탄하기 위한 마산시당 당원들의 시위라고 봐도 무방합니다. 복합적으로 '마산 의거'가 일어난 것이죠. 그 이전, 그러니까 2월 8일이 일요일인데, 대구에서 장면 부통령의 선거 유세를 듣지 못하게 하려고 고등학생들을 등교시켰어요. 그러자 대구 고등학생들이 학교 문을 박차고 나와 시위를 시작했습니다. 이런 것들이 상승작용을 일으키면서 마산에서부터 3·15부정선거 규탄 시위가 일어났습니다.

장동석: 그렇다면 마산을 민주화의 요람이라고 불러도 무방하겠군

요. 그런데 경찰이 시위대에 발포하면서 상황이 악화일로로 치닫게 되지 않습니까?

김삼웅: 경찰의 총격이 있은 후 김주열 학생이 실종됩니다. 그런데 김주열 군의 시신이 4월 11일, 근 한 달 만에 마산 앞바다에 떠올랐습니다. 왼쪽 눈에 최루탄이 박힌 처참한 모습으로요. 역사는 필연성을 가지고 있다는 게 정설이지만, 가끔 우연성도 작용한다는 걸 느끼게 됩니다. 이승만의 폭정으로 필연적으로 4·19혁명이 일어날 수밖에 없었지만, 4월 11일 김주열 군의 시신이 그토록 처참한 모습으로 떠오르지 않았다면, 또 그것을 〈부산일보〉가 크게 보도하지 않았다면 그처럼 큰 불길이 타올랐을까요. 또 하나, 바닷물의 움직임도 묘해요. 한 달이 다 되었는데 시신이 많이 부패하지 않았어요. 최루탄에 맞아 죽은 시신을 경찰이 배를 타고 바다로 나가서 돌에 묶어 던졌어요. 그런데 그 바닷속에 민물이 솟아나오는 데가 있었다는 군요. 밑에서 민물이 솟아나오고 바닷물이 위에 있으니 부패가 덜 된 거죠.

원래 최루탄은 곡사로 발사하도록 규정돼 있습니다. 그런데 눈에 최루탄이 박혔다면 직사로 쐈다고 봐야죠. 그 장본인이 마산경찰서 경비주임 박종표라는 사람인데, 일본 헌병 보조 출신입니다. 해방 후 교통계에서 근무하다가 1952년 경찰에 입문한 후에 1959년 5월부터 마산경찰서 경비주임으로 일했어요. 박종표는 카빈총, 권총 등 실탄 200발 이상을 발사한 것으로 알려졌는데 김영호, 김효덕, 김영준 등 세 명을 더 살해했습니다.

장동석: 예나 지금이나 대규모 시위가 발생하면 정부의 처방은 한 가지인데요. 빨갱이로 몰아붙이는 거죠. 이때도 시위에 나선 시민들을 매도하는 일이 있었죠.

김삼웅: 김주열 군 시신을 앞세우고 마산 시민들이 시위에 나섰습니

다. 제2차 마산 사건이 터진 배경입니다. 1차 사건 때도 경찰이 시위 학생들과 시민들의 주머니에 '김일성 만세', '북조선 만세' 등 삐라를 집어넣어서 공산당으로 몰았어요. 그러다 보니 잠잠할 수밖에 없었어요.

그런데 김주열 군 사진이 〈부산일보〉 1면에 커다랗게 실리면서 역사의 물줄기가 바뀌게 됩니다. 이게 바로 정도를 걷는 언론의 역할이죠. 그렇게 제2차 마산 사건이 터지고 부산, 광주, 전주, 서울로 시위가 이어지면서 마침내 4월 19일이 밝아옵니다. 그 전날 고려대 학생들이 궐기했는데, 반공청년단이 몽둥이로 대학생 수십 명에게 부상을 입혔습니다. 반공청년단이 폭력을 휘두르지 않았다면 그만하고 말았을지도 모릅니다. 하지만 역사는 필연이라는 점을 생각해보면 5,000년 역사에서 피압박 민중이, 시민과 학생들이 거대한 권력에 맨주먹으로 저항할 수밖에 없는 기반이 마련된 것이라고 봐야 할 겁니다. 경찰, 정치깡패, 반공청년단, 군대, 그리고 주한미군까지 있었는데 거기에 민주적으로 맞서 싸워 승리한 것이 바로 4·19혁명입니다.

장동석: 프랑스혁명을 최고로 치지만 우리나라의 4·19혁명이야말로 아래로부터의 진정한 혁명이라고 보는 시각도 있지 않습니까?

김삼웅: 4·19혁명 당시 4,000여 명이 사망하거나 부상당했습니다. 우리 헌법도 4·19혁명 정신을 이어받는다고 명시하고 있죠. 하지만 이명박 정권과 박근혜 정권의 어용 사가, 언론인들은 이승만을 '국부', '민족의 위대한 태양'이라면서 칭송하고 있습니다. 이승만 추종자들을 국사 연구기관이나 공영방송의 수장에 앉힐 정도입니다. 국사편찬위원회 위원장 유영익 씨는 이승만이라는 유일신 숭배자예요. 이인호 KBS 이사장도 유사합니다. 4·19혁명 때 다 무너진 이승만 동상이 다시 세워지고 있습니다. 최근 김문수 전 경기도 지사가 이승만과 박정희 동상을 전국의 초·중·고등학교에 세우자고 떠들더군요. 역사가 거꾸로 가고 있습니다. 이런 퇴행은 당시 목숨을 바친

희생자는 물론 우리 헌법 정신을 훼손하는 심각한 사회문제가 아닐 수 없습니다. 프랑스에서 루이 16세의 동상을 세우자 하고, 독일에서 히틀러의 동상을 세우자 한다면 어떻게 될까요?

장동석: 4·19혁명은 결국 기초를 제대로 세우지 않고 정도를 가지도 않았던 민주헌정사를 올바로 돌린 첫 번째 사건이라고 평가할 수 있겠군요.

김삼웅: 우리 역사를 보면 동학혁명도 좌절되고 3·1혁명도 좌절되었습니다. 홍경래의 난이나 수많은 민란도 빛을 보지 못했어요. 고려시대의 묘청, 정지상의 혁명도 결국 좌절되었습니다. 그런 점에서 4·19혁명은 민족사적으로 최초의 성공한 혁명입니다. 정치사적으로는 1948년 대한민국 정부 수립 후 민주공화제를 중심으로 한 정치체제를 독재로 바꾼 것을 다시 뒤집은 최초의 민주혁명입니다. 이 혁명이 1980년 광주항쟁과 1987년 6월항쟁의 정신으로 이어집니다.

11 쿠데타를 막을 수 있는 골든타임을 놓치다

장동석: 곧바로 5·16쿠데타 이야기로 가보겠습니다. 박정희를 내세우는 많은 사람들이 주장하는 요지가 '그래도 경제성장은 이룩하지 않았느냐'는 것인데, 실제로는 4·19혁명 직후 민주당 정권이 경제성장에 대한 밑그림을 그려놓은 상태였지 않습니까?

김삼웅: 장면 정권의 경제 담당 브레인이 대부분 장준하 선생이 발행한 〈사상계〉의 편집위원 팀이었어요. 김영선 씨 등이 주축이 되어 가장 먼저 시작한 것이 경제개발5개년계획입니다. 이 계획은 상당한 진척이 있었고, 미국도 지원을 약속했습니다. 그런데 박정희가 쿠데타의 명분으로 내세운 것이 반공 국시와 장면 정권의 부패였습니다. 반공 국시는 이런 겁니다. '4·19혁명 후 국민학생도 데모한다, 데모로 해가 뜨고 데모로 해가 진다'는 비아냥이 있었어요. 하지만 이듬해 4월부터는 상당히 안정이 되었습니다. 시위도 점차 줄어들면서 민주당 정권도 나름대로 안정을 찾아가고 있었죠. 사실 안보는 명분에 불과했습니다. 그럼 장면 정권의 부패가 심했을까요? 아닙니다. 정권을 잡은 8개월 동안 거의 부패가 없었어요. 이른바 혁명검찰에서 조사해보니 장관 몇 명이 선물 받은 거 정도였어요. 이것도 명분이 될 수 없었다는 말입니다. 5·16은 순전히 박정희와 그 추종 세력의 권력에 대한 탐욕 때문입니다.

장동석: 박정희는 6·25전쟁 와중에도 쿠데타를 모의했습니다. 그렇다면 박정희는 끊임없이 정치적 야망을 갖고 쿠데타를 모의했던 것은 아닐까요? 이런 의문은 정당한 것이겠죠?

김삼웅: 미국 국무성 등이 파악한 박정희는 대단히 권력지향적인 인물입니다. 교사 생활을 하다가 일본 군인들이 칼 차고 다니는 게 매

력적으로 보여서 일본군에 지원했을 정도니까요. 그때 나이가 스물네 살이었고 기혼인 상태였습니다. 두 가지 모두 만주군관학교 결격 사유인데 혈서까지 써가며 일본에 충성하기로 맹세합니다. 하지만 일본 패망 후 재빨리 변신해서 광복군에 이어 국군에 입대하고, 군부 내 남로당 세력의 핵심 책임자가 됩니다. 북에서 온 형의 친구 황태성을 처형하는 매정함도 보입니다. 황태성은 통일과 평화를 위한 밀사로 내려왔다고 하면서 박정희를 만나려고 시도했지만, 박정희는 미국에 자신의 반공정신을 보여주기 위해서 그를 처형해버리지요. 이런 모습들을 봤을 때 냉혹한 권력지향주의자입니다.

장동석: 그럼 장면에 대한 평가는 어땠습니까? 역사는 승자의 기록이라서 그런가요, 여전히 장면에 대한 정보나 평가는 박합니다.

김삼웅: 1961년 당시의 권력 구도를 봐야 합니다. 내각책임제로, 대통령은 윤보선이었고 국무총리는 장면이었습니다. 군통수권과 외교권은 윤보선에게 있지만, 정치 실권은 장면에게 있었습니다. 그런데 윤보선 대통령이 장면 정권을 불신했어요. 윤보선은 구파이고, 장면은 신파였습니다. 거기다 장면이 내각 국무위원을 지명했는데, 신파 중심으로 해버린 겁니다. 그러니 구파는 신파 정권을 불신할 수밖에 없었습니다. 결국에는 분당을 하지요.

5·16이 일어나기 전 쿠테타 주도 세력 중 한 사람인 유원식이 윤보선 대통령에게 가서 제안을 합니다. 유원식이 증언했던 내용인데 "우리가 민족을 위해 거사를 하는데 각하를 지도자로 모시기로 했다"는 겁니다. 윤보선은 그 말을 곧이곧대로 믿었던 것 같습니다. 쿠데타 다음 날 "각하께 보고했던 대로 했습니다" 하니 윤보선이 "마침내 올 것이 왔다" 이런 말을 했다는군요. 이게 나중에 윤보선과 박정희가 맞붙은 1963년 제5대 대통령 선거전에서 논쟁이 되었습니다. 윤보선 측은 '우려했던 대로 올 것이 왔다'는 의미였다고 변명했고, 쿠데타 세력은 '당신이 그때 얘기했던 대로 올 것이 왔다'는 의미

였다고 주장했어요. 지금도 미스터리로 남아 있는 대목입니다.

장동석: 사실 5·16쿠데타 당시 미국의 행보는 여전히 이해가 가지 않는 대목이 많습니다. 미국의 의도는 무엇이었을까요?

김삼웅: 쿠데타 당시 매그루더 주한 미군 사령관은 박정희를 불신했어요. 정보 파일을 보니 박정희의 정체성이 의심스러웠지요. 남로당 전력 때문입니다. 그리고 쿠데타에 가담한 병력이 3,000명 정도였어요. 미8군과 원주에 있던 1군 사령부를 동원하면 얼마든지 제압할 수 있는 상황이었습니다. 일단 장면 국무총리를 찾았습니다. 그런데 국정의 제2인자인 국무총리가, 실제로는 실권자인 국무총리가 쿠데타 소식을 듣자마자 혜화동에 있는 한 수녀원으로 피신해버립니다. 군 수뇌부도 우왕좌왕했습니다. 당시 장도영 참모총장은 사태를 제대로 파악하지 못했어요. 윤보선 대통령은 박정희 측에서 '각하를 지도자로 모시겠다'고 했으니 기대도 있었겠지요. 그렇게 이틀이라는 골든 타임이 지나갑니다. 이래서 주한 미군은 방법이 없지 않으냐, 인정할 수밖에 없었다는 입장이었고요. 그사이 육군사관학교 생도들을 동원해서 관제 데모를 벌이는 등 불법적인 쿠데타가 합법성을 띠게 된 겁니다. 쿠데타를 막을 수 있는 중요한 시간, 이틀이라는 골든 타임을 놓친 거지요.

장동석: 박근혜 대통령이 대통령에 당선된 것도 어쩌면 아버지인 박정희 대통령의 '경제성장 신화'라는후광이 있었다고 보는데, 이런 현상을 도대체 어떻게 봐야 할지 궁금합니다.

김삼웅: 박정희 추종 세력은 박정희 18년, 아류 정권인 전두환·노태우 12년, 합해서 30년 이상 집권했습니다. 그사이 우리나라는 상당한 경제성장을 이뤄냈죠. 그런데 생각해봅시다. 1960년대부터 1980년대까지 경제성장과 근대화를 이룩한 건 우리나라뿐만 아닙니다.

일본, 대만, 싱가포르 등도 경제성장을 이룩했습니다. 이른바 '3저 시대'의 전 세계적인 현상이었죠. 그걸 오로지 박정희의 공으로 돌리는 것은 객관성이 부족한 평가입니다. 따지고 보면 경제성장률은 전두환 시대에 가장 높았지요.

군사 쿠데타가 일어날 무렵에는 6·25 전쟁 후 대략 10년 동안 육성된 우수한 인재들이 각계에서 활약하고 있었습니다. 그리고 일본인들이 가지고 있던 재산을 물려받은 적산이나 미국의 원조자금, UN의 개발기금 등을 통해 중공업은 아니지만 어느 정도 개발이 일어나고 있었습니다. 장면 정부가 경제개발5개년계획을 세우면서 마스터플랜이 만들어졌고요. 세계적인 개발 붐과 저유가 정책이 이어지면서 경제가 발전한 건데, 이것을 모두 박정희 정권의 공으로만 돌릴 수는 없는 거죠.

박정희가 한일 굴욕 회담 결과 일본으로부터 받은 건 고작 5억 달러입니다. 36년 동안 착취하고 지배한 대가로 무상 3억 달러, 차관 2억 달러를 일본으로부터 받은 것입니다. 그걸로 경부고속도로 놓고 포항제철도 만들었죠. 당연히 피해자들에게 우선적으로 돌려줬어야 할 자금을 국가가 써버린 겁니다.

장동석: 이승만과 장면 정권은 이 문제에 대해서만큼은 배포가 있었던 것 같은데요.

김삼웅: 이승만 정권 때는 단순하게 36년 지배했으니까 1년에 1억 달러씩 36억 달러를 내놓으라고 했어요. 장면 정권은 적어도 12억 달러는 받아야 한다고 주장했지요. 쿠데타 세력인 박정희 정권은 정통성이 없으니 뭔가 가시적인 걸 빨리 보여주기는 해야겠고 자금도 부족하니까 5억 달러라도 냉큼 받은 것이죠. 미국의 압력도 있었습니다. 미국은 점차 강화되는 소련 중심의 냉전체제에 일본을 앞세우려면 한일 국교가 시급하다고 봤어요. 미국의 압력이 거센 데다가 박정희 정권으로서도 태생적으로 일본과 가까우니 1965년 한일회담

이 성사된 겁니다. 그야말로 굴욕 회담이죠. 명칭도 문제입니다. 보상도 배상도 아닌 독립축하금이라는 이름으로 준 겁니다. 동남아시아 몇 나라에는 3~4년 식민 지배를 하고도 5억~8억 달러를 배상했습니다. 그리고 지금 더 큰 이슈가 되고 있는 독도 문제나 일본군 위안부 문제, 강탈해간 문화재 환수 문제, 사할린 동포 문제, 재일교포 법적 지위 문제 등은 거론조차 안 했어요. 오히려 굴욕 회담을 반대하는 국민들의 저항을 계엄령을 내려 진압했습니다.

장동석: 당시에는 어땠는지 모르겠지만, 이런 부분은 여전히 박정희를 저평가할 수밖에 없는 요인이 아닐까 싶습니다.

김삼웅: 우리가 입은 엄청난 피해는 말로 다 할 수 없습니다. 당연히 배상 받아야 할 것도 제대로 협상조차 못하고 말았습니다. 그런 점에서 박정희의 공과는 여전히 현재진행형입니다. 일본군 위안부 배상 문제, 교과서 왜곡 문제가 그 증표이죠.

장동석: 독도 문제는 박정희 때도 그렇지만, 이승만 당시로 연원이 올라가죠?

김삼웅: 1951년 샌프란시스코강화조약 때 미국의 실무자들이 독도, 제주도, 울릉도 등을 다 한국 영토로 표기했는데 막상 협상 당시에는 미국 측에서 독도를 빼버렸습니다. 일본 밀사들이 농간을 부린 거죠. 그리고 우리는 제2차 세계대전 전승국이고 연합국이기 때문에 샌프란시스코강화회의에 당연히 참가해야 하는데 그것도 일본이 수를 써서 못하게 막아버렸습니다. 전승국이면서 전승국 대접을 못 받은 거죠. 이런 부분에서 이승만의 실책은 말로 표현하기 힘듭니다. 당연히 우리가 샌프란시스코강화회의에 가서 일본에 배상 청구를 해야 했는데 못했습니다. 이런 부분들은 우리 국민들이 좀 더 많이 알아야 해요. 저는 지금이라도 미국에 당당히 요구해야 한다고

생각합니다. 1905년 가쓰라-태프트 밀약 당시 우리를 왜 일본에 넘겼느냐, 그토록 끈질긴 요청에도 왜 임시정부를 승인하지 않았느냐, 모스크바 3상회의 때 소련보다 더 신탁통치하려고 덤빈 이유는 뭐냐, 샌프란시스코강화회의에서 우리를 제외한 이유는 뭐냐 등등 이런 부분에 대해서 당당히 묻고 따져야 한다는 거죠.

12 야수의 심정으로 유신의 심장을 쏘았다

장동석: 역사적으로 보면 독재 정권은 언론과 불화할 수밖에 없었는데요. 이 대목에서 〈민족일보〉 조용수 선생과 장준하 선생 사건을 이야기하지 않을 수 없습니다. 장준하 선생 이야기는 비교적 많이 알고 있으니 먼저 조용수 선생 이야기를 해보죠.

김삼웅: 박정희는 평생 레드 콤플렉스에 시달렸습니다. 5·16쿠데타 후에는 미국으로부터, 국내에서는 야당으로부터 끊임없이 사상을 의심받았죠. 그래서 박정희로서는 미국에 뭔가 보여주기 위해서는 희생양이 필요했던 것입니다. 당시 언론은 대부분 보수적이었으니 잘만 길들이면 말을 잘 들을 걸로 알았어요. 〈민족일보〉는 4·19혁명 후에 창간되었는데, 진보적인 입장을 취했습니다. 평화통일론, 남북협상론, 중립화통일론을 주장하면서 장면 정부를 비판했습니다. 쿠데타를 일으킨 뒤 박정희 정권이 제일 먼저 했던 일이 장면 정권 수뇌부와 혁신계 인사들, 그리고 〈민족일보〉 관계자들을 구속한 일입니다. 조용수 선생은 진보적인 성향이라기보다는 보수적인 사람이었습니다. 해방 후 일본에 민단과 조총련계가 있었는데, 〈민족일보〉는 이영근이라는 분의 소개로 민단계가 돈을 대서 만든 신문입니다. 이것이 날조되어 사형 판결의 결정적인 근거가 되었습니다. 역사의 아이러니라는 게 이런 걸까요. 이영근은 민단에서 재일동포들의 권익을 위해 노력했다는 공으로 노태우 정권 때 훈장을 받았습니다.

장동석: 그럼 조용수를 사형시킨 것이 단순히 미국에 뭔가 보여줘야 한다는 일념 때문이라는 건가요?

김삼웅: 박정희가 조용수를 사형시킨 것은 미국에 자신의 반공정신을 내보이기 위한 액션과 언론(인) 길들이기 전략입니다. 조용수 선

생을 희생양으로 삼은 것이죠. 박정희는 그런 전력이 많아요. 군부 내 남로당 책임자로 있을 때 동지들을 전부 미군방첩대에 신고하고는 혼자 구제받았죠. 자신의 생명과 출세와 권력을 위해서라면 동지들을 배신하는 것은 물론, 엉뚱한 사람을 빨갱이로 몰아서 희생양으로 삼는, 비인간적인 모습을 가진 사람입니다.

장동석: 장준하 선생은 아무래도 상징적인 의미가 크지 않습니까? 〈사상계〉만 봐도 그 상징성은 충분하다고 생각합니다.

김삼웅: 장준하 선생은 1944년에 학병으로 끌려가 중국에 있는 일본 부대에 배치되었어요. 하지만 탈출해서 6,000리를 걸어 임시정부에 도착해 광복군이 됩니다. 일본이 항복하자 8월 18일 연합군 군사사절단의 일원으로 이범석 장군, 미군 OSS 요원과 함께 여의도공항에 도착합니다. 일본군의 항복을 받으러 온 것이죠. 우리 독립운동가 중에서 가장 먼저 한반도 땅을 밟은 사람 중의 한 사람이 장준하 선생입니다. 미군은 아직 오기 전인데요. 일본은 소련군이 올 줄 알았다가 미군이 오니 얼떨떨했을 거예요. 정세가 불투명하니까 장준하 선생 일행을 안 받아주었습니다. 그래서 하룻밤만 묵고 중경으로 다시 돌아갔어요.

광복 後 입국한 지 30년 만인 1975년 8월 17일에 경기도 포천군 이동면 약사봉 계곡에서 의문의 변사체로 발견됩니다. 선생은 평생 박정희와 정반대 길을 걸었습니다. 박정희가 군에서 쿠데타를 모의할 때 장준하 선생은 〈사상계〉를 통해 4·19혁명의 정신사적 기반을 만듭니다. 해방되고 곧 전쟁을 치르면서 반공주의 외에 어떤 사상이라는 게 터를 잡을 수 있었겠어요? 그런 상황에서 시민혁명이 일어났는데요, 그 배경에는 학생이 있었습니다. 지금은 거의 모든 고등학생이 대학에 가지만 당시에는 10퍼센트 미만이었어요. 엘리트 의식이 강할 수밖에 없죠. 당시 대학생들은 〈사상계〉를 끼고 살았습니다. 〈뉴욕타임스〉나 〈사상계〉를 폼으로라도 들고 다녔죠. 1959년과

1960년 사이에 〈사상계〉가 무려 10만 부 이상 팔렸어요. 〈동아일보〉가 7만 내지 8만 부 팔릴 때입니다. 그때 월간지가 10만 부 이상 나갔다는 건 대단한 일이죠. 그럴 수밖에 없는 게 〈사상계〉 편집위원들이 쟁쟁했습니다. '장준하 내각'이라고 불릴 정도였죠. 장준하 내각이 장면 내각보다 우수하다는 말이 있을 정도였습니다. 1963년 윤보선 후보와 대통령 선거 유세 다닐 때는 이렇게 주장했어요. "박정희만은 안 된다. 박정희는 일본군 장교 출신이기 때문이다." 박정희를 가장 강하게 비판한 게 장준하 선생이었습니다. 그래서 '박정희 킬러'라고 불리기도 했지요.

장동석: 장준하 선생이 삼성도 호되게 비판한 적이 있다고 하는데요, 어떤 사연인가요?

김삼웅: 박정희가 장준하 선생을 구속시킨 게 삼성의 사카린 밀수 사건 때문입니다. 삼성의 사카린 밀수 사건이 터지고 난 뒤 장준하 선생이 대구 수성천변에서 강연을 했는데 "삼성 밀수 왕초는 박정희다"라고 주장했어요. 그래서 국가원수모독죄로 구속한 겁니다. 하지만 옥중에서 출마해 국회의원에 당선됩니다. 함석헌 선생이 선거 유세를 하기도 했지요. 국회에 들어가서도 거침없이 발언합니다. "박정희는 대한민국 청년들의 피를 베트남에 보내고 미국에 팔아먹었다"고 했어요. 당시는 베트남전쟁에 참전한 게 대단한 영광이라고 여길 때입니다. 그런 상황에서 대한민국 청년의 피를 미국에 팔아먹었다는 말을 했으니 어떻게 되겠습니까. 다음 국회의원 선거에서는 떨어지고 〈사상계〉도 다른 사람에게 넘어가버립니다. 그즈음 유신 쿠데타가 일어나고 긴급조치가 내려졌는데도 장준하 선생은 백기완 선생 등과 함께 긴급조치를 비판하면서 맨 먼저 '헌법개정 100만인 서명운동'을 벌였습니다. 그러니 박정희 정권 입장에서 봤을 때는 제거 대상이 될 수밖에 없는 것이죠.

장동석: 〈사상계〉는 당시로서는 알려지지 않았던 외국의 사상과 정세를 가장 빨리 알려주는 매체였습니다. 그래서인지 장준하 선생은 한국의 독재 상황을 외국에 알리는 데에도 빨랐지요?

김삼웅: 장준하 선생은 1975년 「박 대통령에게 보내는 공개 서한」을 외신에 공개했는데요, 우리 신문은 다루지 못한 것이었죠. 긴급조치 아래서 대통령에게 일종의 경고장을 보냈으니 박정희 심정이 어땠겠어요.

장동석: 약사봉에 가기 전에 장준하 선생이 신변 정리를 한 것으로 알고 있는데요.

김삼웅: 장준하 선생이 약사봉에 간 것이 1975년 8월 17일인데, 당시에는 건강이 좋지 않아서 등산을 자주 할 수 있는 상황이 아니었어요. 김대중 전 대통령과는 라이벌 관계이기도 해서 잘 만나지 않는 사이였는데 8월 초에 동교동으로 찾아가서 이런저런 이야기를 나눴다고 합니다. 제가 김대중 대통령에게 언젠가 여쭌 적이 있는데요. 김대중 대통령이 1974년 일본에서 납치되어 돌아와 가택 연금된 상태였지요. 김 대통령이 집에 찾아온 장준하 선생에게 '몸조심해라, 혼자 다니지 마라, 나 당하지 않았느냐'며 일종의 주의를 주었더니 장준하 선생은 '어떻게 나를 죽이겠느냐' 했다는 거예요. 그리고 김수환 추기경도 찾아가고, 부모님 산소에 가서 벌초도 했습니다. 추석이 아직 멀었는데 말이죠. 또 30년 넘게 간직해온 중경 임시정부의 태극기를 이화여대 박물관에 기증하는가 하면, 부인 김희숙 여사와 천주교식으로 약식 혼례를 치렀어요. 결혼 3일 만에 학병에 끌려갔기 때문에 결혼식도 제대로 못 했거든요. 이런 정황으로 봤을 때, 이건 제 추측인데요, 역 쿠데타를 할 힘은 없고, 민주인사들을 동원해서 3·1혁명과 같은 구국선언을 준비했던 것으로 보입니다.

장동석: 약사봉에서의 행적에 대한 의문은 여전히 풀리지 않고 있는데요, 어떻게 보십니까?

김삼웅: 당시만 해도 관광버스를 대절해서 50~60명씩 등산을 다녔습니다. 하루 전 어떤 사람이 모시고 가겠다고 했다는 겁니다. 국회의원 선거 때 참여했다는 김용환이란 사람이지요. 한 시간쯤 올라가다 중간 지점에서 다른 사람들은 모두 도시락을 먹고 있는데, 선생은 좀 더 올라가겠다고 하며 가셨답니다. 그 사람이 따라갔고요. 두 시간쯤 후에 그 사람이 내려와서 장준하 선생이 절벽에서 떨어졌다고 했다는 겁니다. 민주당 진상조사위원회 활동 당시 저도 참여했었는데, 그 사람을 데리고 현장에 갔더니 올라가는 길은 아는데 내려오는 길은 모르는 겁니다. 그리고 8월 17일이면 장마철인데, 경사가 70~80도 되는 18미터 암벽을 장비도 없이 내려왔다? 그것도 50대 후반인 남자가? 등반 전문가도 내려오기 힘든 곳이었어요. 그 사람 말로는 발을 헛디뎌 떨어졌는데 암벽 중간에 있는 소나무를 붙잡았다는 겁니다. 또 장준하 선생이 커피를 좋아해서 낡은 보온병 같은 것을 가지고 갔는데, 떨어졌으면 찌그러지기라도 해야 하는데 멀쩡했습니다. 그 밑이 온통 울퉁불퉁한 바위인데도 말이죠.

장동석: 시신도 상한 데가 거의 없었다고 하죠.

김삼웅: 시신도 상한 데가 없었어요. 왼쪽 귀 밑이 조금 터졌을 뿐입니다. 생각해보세요. 암벽에서 떨어졌으면 온몸에 하다못해 타박상이라도 있어야 하는데, 그런 것이 전혀 없었어요. 더욱 믿지 못할 것은 사건을 목격한 사람도 없는데 오후 2시경에 장준하 선생 부인에게 사고가 났다고 전화가 왔다는 겁니다. 당시 〈동아일보〉 의정부 주재 기자가 의문을 제기하는 기사를 썼는데, 긴급조치 위반으로 구속됩니다. 2012년에 홍수가 나서 선생의 무덤을 이장할 때 유골을 검시한 결과 머리 뒤쪽에 예리한 망치 같은 것으로 내리친 것같이 함몰

된 구멍과 금이 간 흔적이 발견됐어요. 하긴 이런 사실이 사망 당시에도 어느 정도 제기됐지만 유야무야 끝나고 말았지요.

장동석: 벌써 30년 가까이 지난 일이지만 그때의 망령들이 살아난 것 같은데요, 박정희의 죽음과 관련한 이야기가 많지만 사실 우리가 주목해야 할 것은 김재규라고 봅니다. 이 부분에 대한 분명한 정리가 필요한 시점인 것 같습니다.

김삼웅: 박정희 추종 세력은 암살이라 하고, 김재규를 변호했던 사람들이나 김재규장군기념사업회 측은 의거라고 봅니다. 김재규가 내세운 명분은 이런 겁니다. 대통령 비서실장 차지철은 박정희에게 "어느 나라는 정권에 저항한 사람들 300만 명을 죽였는데, 우리나라도 100만에서 200만 명 정도만 죽이면 진압이 된다"고 공언했어요. 캄보디아 이야기죠. 당시 박정희의 의식구조나 육영수 여사 피살 이후 정신적 공황 상태를 겪고 있던 것을 생각하면 능히 그럴 수도 있다고 김재규는 보았던 것 같아요. 대규모 국민 학살을 막기 위해 "야수의 심정으로 유신의 심장을 쏘았다"고 말한 것도 그런 맥락일 것입니다.

장동석: 신군부는 그런 내용이 알려지는 게 두려웠을까요. 서둘러 김재규를 사형시키지 않습니까?

김삼웅: 전두환 세력에 저항하여 광주항쟁이 한참 진행 중일 때 신군부는 1980년 5월에 군사재판을 통해 사형을 집행합니다. 재심의 기회도 없었어요. 이 부분에 대한 역사의 평가는 반드시 이루어져야 한다고 봅니다.

장동석: 지금 시국을 보면 과거에 해결하지 못한 역사가 우리의 발목을 잡고 있는 형국입니다. 상황이 이렇다면 그것을 넘어설 수 있는

대안이 필요한데, 마지막으로 정리 말씀 해주시지요.

김삼웅: 나라를 일제에 빼앗긴 지 100년이 지났고 해방도 70주년을 맞이했습니다. 박정희가 죽은 지도 30년이 넘었어요. 우리는 지난 한 세기 동안에 왕조 시대, 식민 지배, 독립운동과 친일의 역사, 미군정, 전쟁과 분단을 겪었습니다. 이승만 백색 독재도 당했고, 4·19 혁명도 겪었고, 5·16쿠데타도 온몸으로 받아냈습니다. 어디 그뿐입니까. 잠시 '서울의 봄'을 맞이했다가 다시 쿠데타가 일어났고, 광주민주화운동에 이어 6월항쟁을 치러냈습니다. 사이비 민주정권에 이어 김대중, 노무현의 민주정부도 맛보았습니다. 그리고 다시 암흑의 시대에 '이명박근혜'라는 극우 정권이 집권했습니다. 다른 민족 같으면 1,000년 동안 겪을까 말까 한 일들을 우리는 100년 동안 겪었습니다. 다시 한 번 생각해봅시다. 나라를 망친 친일파들을 처단하지 못한 것 때문에 지금도 일제 식민시대를 찬양하는 세력이 언론계, 종교계, 정계, 학계에 득시글댑니다. 5·16이 쿠데타임을 헌법이 명시하는데도 박근혜 정부는 이 엄연한 진실을 무시하는 상황입니다. 민주주의의 후퇴, 빈부 격차의 증대, 남북 간의 적대 등은 모두 청산하지 못한 과거사에 기인합니다. 한민족의 현재적 모순은 100년의 모순이 집약된 결과입니다.

지금이 오히려 더 정신을 차려야 할 때입니다. 지도자들이 독립정신, 민주정신을 배양하고 남북 화해를 통해 민족 내부의 구심력을 다져야 합니다. 그래야 일본과 중국의 역사 왜곡과 미국의 독주를 막을 수 있습니다. 무엇보다 중요한 것은 시민의 역사의식과 현실인식입니다. 남북의 최고 지도자들 곁에 강경론자, 전쟁론자들이 포진해 있는 상황에서, 우리의 언론계를 장악한 족벌 수구 언론이 여론을 좌지우지하는 현실에서 파국을 막을 수 있는 것은 각성한 시민들밖에 없습니다. 결국 깨어 있는 민중이 연대해서 어려운 난국을 헤쳐나가야 합니다. 역사는 되풀이된다고 하지만, 다시는 국치도 독재도 용납하지 않는 국민의 결기가 필요합니다.